Μούσα Φιλοσοφούσα

Χρήστος Κ. Ευαγγελίου

Philosophical Muse

Christos C. Evangeliou

Parnassos Press
2015

First Printing: 2015

ISBN 978-1-942495-03-1

Parnassos Press
Fonte Aretusa Organization
1628 W. Willis Ave.
Sioux City, IA 51103

www.fontearetusa.org

Αφιέρωση

Στην Αθηνά
και
Στους Έλληνες Ελλάδας και της Διασποράς,
το ποίημα χαρίζω της θείας δωρεάς.

Dedication

To Athena
and
To the Greeks of Greece and the Hellenic Diaspora,
These poems are dedicated, like gifts from and to Gods.

Πίνακας Περιεχομένων

Table of Contents

III. Μετασωκρατικοί

IV. Θέματα Φιλοσοφικά

Επίλογος

III. Postsocratics

IV. Philosophical Themes

Epilogue

Εισαγωγή

Η παρούσα ποιητική συλλογή είναι μάλλον ασυνήθιστη, με την έννοια ότι αποτελείται από ποιήματα που αναφέρονται σε κάποιον Αρχαίο Έλληνα φιλόσοφο ή σε φιλοσοφικό θέμα σχετικό με την οντολογία, κοσμολογία, ανθρωπολογία, επιστημολογία, ψυχολογία, αισθητική, και την ηθική και πολιτική θεωρία.

Τα ποιήματα σκοπεύουν στην αναβίωση μιας παλαιάς Ελληνικής παράδοσης που πηγαίνει πίσω στους Προσωκρατικούς φιλοσόφους, πολλοί από τους οποίους ήσαν και διακεκριμένοι ποιητές. Καθένα από τα ποιήματα επιδιώκει να τιμήσει τη μνήμη κάποιου Αρχαίου Έλληνα φιλοσόφου, να κοινοποιήσει τις βασικές φιλοσοφικές του ιδέες, ή ποιητικά να αποδώσει κάποιο πρόβλημα που απασχόλησε τον εν λόγω φιλόσοφο και ενδεχομένως να ενδιαφέρει και τον σημερινό μελετητή της φιλοσοφίας.

Όλα τα ποιήματα γράφτηκαν αρχικά στην Ελληνική, που είναι και η μητρική γλώσσα του ποιητή. Η επιμέλεια της έκδοσης, κυρίως το κείμενο της Αγγλικής μετάφρασης, οφείλεται στη Δρ. Η. Ρειντ, μαζί με τις ευχαριστίες μας.

Το παρόν πόνημα θα είναι χρήσιμο για σπουδαστές της Ελληνικής φιλοσοφίας και λογοτεχνίας. Κάποια εξοικείωση με την ιστορία της Ελληνικής φιλοσοφίας και γνώση της Ελληνικής γλώσσας θα βοηθήσει προφανώς στην βαθύτερη κατανόηση των ποιημάτων και καλύτερη εκτίμηση της διαιώνιας δημιουργικής δύναμης της Ελληνικής φιλοσοφικής σκέψης και γλώσσας.

Μάης 2015
Νέα Υόρκη, ΗΠΑ

Introduction

This poetic collection is rather unusual in that it is comprised of poems which are related either to Ancient Hellenic philosophers or to traditional philosophical themes regarding ontology, cosmology, anthropology, epistemology, psychology, aesthetics, and ethical and political theory.

The poems attempt to revive an Ancient Greek tradition that goes back to the Presocratic philosophers, some of whom were also accomplished poets. Each poem is intended to honor the memory and express the basic ideas of an Ancient Hellenic philosopher, or to elaborate on a philosophical theme which was of interest to those philosophers, and may still be of interest to students of philosophy and the educated public.

The poems were originally written in Greek (Modern Greek, the mother tongue of the author). The editing of the book, especially the text of the English translations, is due to Dr. H. Reid, together with many thanks.

The book will be of interest to students who take courses in Greek Philosophy and/or Literature. Some familiarity with the history of Greek philosophy, from Thales to Pletho, and perhaps knowledge of the Greek language will help the reader to enjoy the poems and appreciate the perennial creative power of Hellenic philosophic thought and language.

May 2015
New York, USA

Πρόλογος
Prologue

Φιλοσοφία

Ελλήνων έρωτα, φιλοσοφία,
ερατεινή του Λόγου αδελφή,
σαν Αφροδίτη αφρογεννημένη,
λάμπεις με χρώματα φωτογενή.

Ελεύθερη, πανεύθυμη, κυρία,
βασίλισσα τεχνών επιστητών,
το φως σου χύθηκε σαν περιστέρι,
ως νάματα πηγών των νοερών.

Ρωτήματα ρωτάς περί πραγμάτων
το νόημα των όντων ψηλαφείς,
ευρήματα καλά και τιμημένα,
ζητούμενα γυρεύεις για να βρεις.

Ίωνες στα ουράνια σ' ανεβάσαν,
Σωκράτης σε κατέβασε στη γη,
γνώση ζητάς, δεν προσκυνάς τη δόξα,
παιδούλα πορνευμένη, πεταχτή!

Το μύθο, σα Μινώταυρο Θησέας,
τον σκότωσες με νόησης σπαθί,
το πώς και το γιατί αναρωτώντας,
το σκάρωσες του Κόσμου το σκαρί.

Νέος ναός του Νου, σαν Παρθενώνας,
τον Αττικό κόσμησες ουρανό,
γεννήθηκες στη γη της Ιωνίας,
αντρώθηκες σ' Αιγαίο γαλανό.

Του Κόσμου τάξη συ διερευνώντας,
στη Φύση νόμους έδωσες καλούς,
πρωτότοκο παιδί Θεού και γόνος
πολύτιμος, ως Έρωτας, κι ο Νους!

Philosophy

Philosophy, you are the true Greek love,
Most beloved sister of Reason,
Like Aphrodite you prompt desire,
Shining brightly in every season.

You're always a lady, cheerful and free,
Over all arts and sciences queen.
Your light rushes forth like a dove in flight,
Water gushing from noetic springs.

About everything you ask new questions
Inspiring reflection in our mind;
Valuable and good discoveries
You are always pushing us to find.

To heaven Ionians lifted you,
And Socrates sowed you in the earth,
You pursue knowledge, rejecting belief,
That mischievous child of mirth!

Myth, like the Minotaur good Theseus,
You killed with a rational sword,
Always questioning the why and the how,
You can reveal the way of the World.

A temple of mind, a new Parthenon,
You construct in the bright Attic sky,
Born from the soil of Ionia,
In the Aegean given new life.

You examine the whole cosmic order,
The beauty in Nature's laws to find.
The first-born son of Olympus's Zeus,
As precious as Eros, is the Mind!

Οίστρος ερωτικός ψυχές πυρώνει,
σοφίας δίψα, πόθος αρετής,
ανάβασης τον δρόμο κατευθύνει
στον Ουρανό από σπηλιά της Γης.

Σοφίας το χρυσόμαλλο το δέρας,
το ζήτησες στα πέρατα της γης,
στα βάθη τ' ουρανού, θάλασσας πλάτη,
στα έγκατα πολύπαθης ψυχής.

Της αρετής τον έπαινο σηκώνεις,
σαν αθλητής στεφάνι αγριελιάς,
σε πύργο πάνω πύργο συ πυργώνεις
σαν κράνος στο κεφάλι Αθηνάς.

Τα χρόνια τα καλά σου πίσω μείναν,
άλλοι μας ήρθαν χαλεποί καιροί,
θεράπαινα δειλή σε κατάντησαν
αφέντες ασελγείς και μαστροποί!

Δόγματα παρδαλά και τερατώδη,
γεννήματα γελοίων κεφαλών,
τον κόσμο κατακτήσαν χωρίς κόπο,
στήσαν ναούς θεών αλλοδαπών.

Οι καθαροί χιτώνες τώρα ράκη,
ο θρόνος σου σκαμνί βασανισμού,
ξενιτεμένη καρτερείς την ώρα,
τη νόστιμη τη μέρα γυρισμού!

Ο κόσμος σε χρειάζεται πρωτίστως,
ελευθερίας δάδα ζωτική,
στο σκότος σέρνεται και ψαχουλεύει
τυφλός, να ξαναβρεί φωτός πηγή.

Souls burning hot with erotic fervor
Long for virtue and for wisdom thirst,
They must follow the road that leads uphill
To Heaven from caves inside the Earth.

Wisdom, for you, is like the Golden Fleece,
Around the world you travel to seek
The depths of heaven, the breadth of the sea,
Into suffering souls you dig deep.

And you elevate virtue with praises,
Like the wreath on an athlete well-bred,
Constructing towers on top of towers,
Like the helmet on Athena's head.

The best of your years now lie behind you
And ahead we face turbulent times.
They reduced you to wretched slavery,
Shameless bosses with clever smiles!

Complicated and monstrous doctrines,
The progeny of misshapen minds,
Take hold of the world without much effort,
Tainting temples with alien signs.

Your once clean robes have become soiled rags,
Your throne is now a torturing tool,
In foreign lands you await your hour,
Your delicious return home to rule!

The people need you now more than ever,
Your shining torch of freedom and life,
They may slither and crawl in the darkness,
But you can cure their blindness with light.

Ανάτειλε και φέξε καθώς πρώτα,
στα χρόνια των Ελλήνων τα καλά,
κάμε το νου και πάλι φωτογόνο,
τα χέρια των ανθρώπων καθαρά.

Φιλοσοφία βίου κυβερνήτης,
αρχαίος Έλλην κήρυξε σοφός.
Το δις εξαμαρτείν αμάρτημά μου,
ομολογεί πιστός ο Χριστιανός!

Ο Πυθαγόρας, Πλάτων, Παρμενίδης,
Ηράκλειτος, Επίκουρος καλός,
Αριστοτέλης, Πλούταρχος, Πλωτίνος
Ελληνικής σοφίας ο χορός.

Προφήτες, αποστάτες αχθοφόροι,
της μουσικής αλλάξαν το ρυθμό.
Βάρβαρη για βαρβάρων ώτα βγήκε
από μιας νέας πίστης τον ειρμό.

Να εγερθείς, σαν Προμηθέας νέος,
κρατώντας της σοφίας τον πυρσό,
και να φωτίσεις με το φως σου πάλι
τον Όλυμπο και θείο Παρνασσό.

So rise up and shine as you were before
In your best years on Hellenic lands,
Ignite our minds and inspire again
Excellent work from men with clean hands.

Philosophy should govern all our lives,
Said an ancient Hellene very wise,
And, as the faithful Christians declare,
Do not commit the same offense twice!

Pythagoras, Plato, Parmenides,
Heraclitus and Epicurus,
Aristotle, Plutarch, and Plotinus,
Are Hellenic wisdom's true chorus.

Prophets, along with apostates lowly,
Tried to change the music's good rhythm.
Suitable for barbarian ears is
This new faith's cacophonous hymn.

Like a new Prometheus, stand up tall
And keep the torch of wisdom alight,
Illuminate with your flame once again
Olympus and Parnassus divine!

I

Προσωκρατικοί
Presocratics

Θαλής

Μίλητος πόλη ξακουστή χώρας της Ιωνίας,
αμάραντη σαν τρόπαιο δόξας της αιωνίας!
Τέκνο δικό της ο Θαλής, ποίμνης ο ποιμενάρχης,
γνώριμος σαν πρωταθλητής, σοφίας ο γενάρχης.

Ταξιδευτής ταξίδεψε σε χώρες μακρυσμένες,
της θεωρίας ένεκα, γνωστές και φημισμένες.
Θαύμασε και στην Αίγυπτο των πυραμίδων ύψος,
το νου του παίδεψε πολύ των μυστικών ο γρίφος.

Θαυμάσιο το θέαμα πλημμυρισμένου Νείλου,
παίρνει για τους Αιγύπτιους μορφή θεού και φίλου.
Του ποταμού τα ύδατα γόνιμα, ζωογόνα,
μύριες μορφές των ζωντανών ρίχνουνε στον αγώνα!

Πόλεις Αιγύπτου φαίνονται νησάκια του πελάγου,
πάντα γεννήματα νερού και Χρόνου του παμφάγου.
Όλα γεννά τα ζωντανά κι όλα τα καταπίνει,
με τον καιρό δα τίποτα στέρεο δεν αφήνει.

Τα πάντα τα παρατηρεί του φιλοσόφου μάτι,
και νους τα δένει με σκοινί, τα κάνει σα δεμάτι!
Ύδωρ το ποικιλόμορφο στοιχείων θεία μήτρα,
γονή, τροφή και δύναμη για κάθε νέα φύτρα.

Με Λίβα φύσημα ζεστό κι ήλιου θερμό το χάδι,
ατμός γίνεται το νερό, προτού να φτάσει βράδυ.
Σαν πάγος αναφαίνεται, όταν Βοριάς πλακώσει,
και τις κορφές του Παρνασσού με χιόνι τις φορτώσει.

Χωρίς νερό, ούτε ζωή, ούτε φιλοσοφίας
έρωτας θα φαινότανε, σανίδα σωτηρίας!
Αρχή των πάντων ενική, υδρόγειος φαντάζει,
στον φιλοσοφικό το νου που θέλει να δοξάζει.

Thales

Miletus, famed city of Ionian territory,
Sparkles brightly like a medal in everlasting glory!
It was Thales, her offspring, whose ideas earned that trophy,
And he shines like a champion, the father of philosophy.

A traveler who made his way to far-off foreign lands,
To look for novel ideas in the desert's famous sands.
The pyramids of Egypt would enchant him with their height,
And by her secret mysteries his mind was exercised.

He was amazed by the spectacle of the flooding Nile,
Which Egyptians welcomed as a friendly god with a smile.
He saw the river's waters to be fertile and life-giving,
Sending myriad creatures into the struggle of living.

Egyptian cities seemed to him like islands in the ocean,
Creatures of omnivorous Time and the water's motion.
Voracious Time gives life to all and swallows them back down,
One day he'll consume them all and nothing living will be found.

All of this filled Thales' eyes and, in his wisdom-seeking head,
The ideas formed great bundles bound by scientific thread.
Water, with its many forms, he saw to be like a mother
Giving birth, then food and strength and comfort as a lover.

The blowing of the hot south wind, the sun's gentle caress,
Will turn water into vapor before setting in the west.
Then it is reborn as ice, when cold north winds take over
And Parnassus' highest peaks with heavy snow are covered.

Without water, neither life nor good philosophic love
Would have arrived, as a lifeboat, to save us from flood!
Moisture is the first and only origin of everything,
That is the conclusion his philosophy would bring.

Της Φύσης το μυστήριο το λύνει, δεν το δένει,
όταν Θαλής Μιλήσιος επί σκηνής προβαίνει!
Σχολάρχης γίνεται σχολής, θ' ακολουθήσουν κι άλλοι,
ερευνητές της Φύσεως μικρότεροι, μεγάλοι.

Αντί νερό θα βάλουνε το πυρ και τον αέρα,
στην πρώτη θέση της αρχής, πάντων πιστό πατέρα.
Άλλοι, πιο δημοκρατικοί, ισότητα στοιχείων
θα προτιμήσουν, να κτιστεί κόσμος θνητών και θείων!

Μα της πλειάδας η πηγή, των αριθμών ο γόνος,
είναι μονάς δυναμική, δρόμος μακρύς και μόνος.
Η Πυθαγόρεια Μονάς, το Εν του Παρμενίδη,
σαν του Θαλή πρώτης αρχής τα δίδυμα τα είδη!

Φαντάζουν σαν αιθέρια και πλέον λογισμένα,
όμως υπηρετούν πιστά Θαλή κανόνα κι ένα.
Μία των πάντων η αρχή, ένα των πάντων τέλος,
πάντα δεμένα τα κρατεί Έρωτος μέγα βέλος!

Έρως θεός πρωτόγονος, Γαίας συνοδοιπόρος,
για φιλοσόφους άπορους γίνεται μόνος πόρος!
Καθώς στεριά τον ναυαγό, καπνός τον Οδυσσέα,
σοφίας έρωτας κρατεί νου του σοφού κεραία.

Κόσμος της Φύσης εύτακτος, βίος θνητός φουρτούνα,
μοιάζει σαν Δία παίγνιο, κόκκινη παπαρούνα.
Τον δρόμο π' άνοιξε Θαλής, Μιλήσιος φωστήρας,
πολλοί τον βάδισαν σοφοί και ποιητές της Μοίρας!

The great mystery of Nature would find its simple solution,
When Thales came from Miletus to start a revolution!
He became the leader of a school and attracted other
Inquirers after Nature who would challenge one another.

Some would put air and fire, instead of Thales' water,
In the first place as the Cosmos' origin and true father.
Others, more democratic, equalized each element,
Preferring to create a single world for gods and men!

But, as it is with numbers, the many come from one,
An exclusive source of power, one long trail to be run.
The Pythagorean Monad and the One of Parmenides
Were born as twin descendants of the theory of Thales!

More rational, even ethereal though they may appear,
To Thales' canon of the one they faithfully adhere.
The one, the origin of all things, must also be their end,
And Eros's fiery arrow the whole together will mend.

Eros was the first-born god, Gaia's constant travelling mate,
And for perplexed philosophers, the only valid escape!
As smoke beckons Odysseus, or land calls the shipwrecked man,
It is by the love of wisdom that our mortal minds expand.

The natural world displays order, but chaos rules human life,
We seem to be playthings for Zeus or poppies for the scythe.
The trail blazed by Thales, most learned of Miletus' men,
Has guided philosophers and many a poetic pen!

Πυθαγόρας

Πυθαγόρας ο Σάμιος, σαν τον Φοίβο θα φέξει,
μουσική παν-αρμόνια με μια λύρα θα παίξει!

Αιγυπτίων μυστήρια και συμβάντα Χαλδαίων,
πάντα σπούδασε σύντονα, πειναλέος ως λέων.

Κεφαλή του κατέστησε των Μουσών το μουσείο,
μ' αρετής παραγγέλματα και σοφίας φορτίο.

Ατελείωτο φαίνεται αριθμού μέγα πλήθος,
μίας μήτρας το γέννημα, με διάφορο ήθος.

Περιττών και των άρτιων η μονάς ρίζα μένει,
με δυάδα συμπλέκεται, σαν καλή ερωμένη.

Αριθμών των τετράγωνων και των κύβων δυνάμεις
λόγων μία συνάρτηση δύνασαι να τα κάμεις.

Τετρακτύς παντοδύναμη πάντων όντων τα γένη
συζυγίας με δέματα κι αρμονίας τα δένει.

Πυθαγόρας πολύπειρος, πολύ-ταξιδεμένος,
στην πατρίδα του γύρισε σαν αγνώριστος ξένος!

Στενός χώρος του φάνηκε, Σάμος νήσος ευρεία,
πολιτείας τα πράγματα μύριζαν τυραννία.

Με καρδία βαρύτατη, ξενιτιάς πάλι δρόμο
Πυθαγόρας μεσόκοπος θα τον πάρει με πόνο.

Σε πολλά και τα κάλλιστα της Ελλάδος τα μέρη
νοσταλγό τον φιλόσοφο κάποιο πλοίο θα φέρει.

Πανταχού πολυπόθητη φυσική ομορφάδα,
περισσότερο πρόσχαρη στη Μεγάλη Ελλάδα!

Pythagoras

Pythagoras of Samos, like Apollo, shines at dawn
And fills up the cool morning air with his pan-harmonic song!

The deep Egyptian mysteries, affairs of the Chaldeans,
He studied all voraciously, as hungry as a lion.

With every one of the Muses his thoughtful mind communed,
It was disciplined by virtue and by sacred wisdom fueled.

The great multitude of numbers appears to be without end,
Though born of a single womb, each one has a different blend.

The One will remain alone, at the root of all life above,
Engaging with the dyad as with its beautiful beloved.

In the formulas that square or that cube a simple number,
He found a way to capture the human mind's hidden power.

The Tetraktys he would make the most powerful of beings,
Binding everything together with its good harmonic strings.

Pythagoras, a sophisticated and well-traveled man,
Returned as an unknown stranger to his beloved homeland!

Narrow and constrained to him would seem large Samos' island,
Infected with tyranny's stench, suffocating and frightened.

So, again with a heavy heart and his aging head hung low,
Pythagoras set out upon another foreign road.

To almost all of Hellas's most bright enchanting harbors,
Tall ships would carry the homesick but ever-searching scholar.

Everywhere he would see the natural beauty he desired,
But only in Greater Greece would he find himself inspired!

Με του λόγου τη δύναμη κι αρετής θείο κάλλος,
Πυθαγόρα Γυμνάσιο θα φωτίσει σα φάρος.

Ελληνίδων των πόλεων εραστές της σοφίας
διδαχή θα ζητήσουνε της Καλοκαγαθίας!

Πυθαγόρεια μέθοδος σιωπής και της άλλης
δίαιτας φιλοσοφικής, αποχής της μεγάλης,

σαν μαγείας το βότανο, τις ψυχές θα μαγέψει
και στο δρόμο της κάθαρσης σε χορό θα τις πλέξει!

Με τον λόγο τον έμμετρο, μουσική μετρημένη
την ψυχή, σαν ανάπαυλα θεϊκή, περιμένει.

Έργα πάντα θεάρεστα φθόνο μέγα γεννάνε,
Πυθαγόρα τον όμιλο με μανία σκορπάνε.

Φθονερό και παράλογο το ανθρώπινο ζώο,
χαλινοί χίλιοι κι έντεκα δεν το κάνουν αθώο!

Λυπηρό το Γυμνάσιο το κατάντησαν χώρο,
σε μια νύχτα πληρώσανε τον βαρύτατο φόρο.

Πυθαγόρα θησαύρισμα και πυρσός θα περάσει,
με το χέρι του Πλάτωνος στην Αθήνα θα φτάσει.

Σαν θεώρημα τέλειο, καν αλήθεια δεν σβήνει,
στου καιρού τα περάσματα την βαφή της αφήνει.

Παραμένει αλώβητη και το φως της το χύνει,
σαν πηγή την αστείρευτη, μια ψυχή για να πίνει.

Πυθαγόρας πολύφωτο της Ελλάδος αστέρι,
έρως μέγας τον έκαμε της Σοφίας το ταίρι!

With the power of reason and with virtue's godlike beauty,
His Gymnasium's fame would beam its light across the city.

From all the Hellenic cities, the true lovers of *Sophia*
Travelled to him to seek the path of *Kalokagathia*!

The Pythagorean way of silence, first and above all,
Was mixed with a strict diet in philosophy's rigid call.

Abstinence from every excess can enchant the mortal soul,
Creating a cathartic chorus of virtuous self-control!

With poetic language, rhythmic music the soul informs,
Granting it sound and sacred respite from life's myriad storms.

But all god-pleasing works inevitable envy create,
And hatred of Pythagoras' school would become strong and great.

So jealous and so irrational is the human being,
Even a thousand leashes could not hold him back from fleeing!

The Gymnasium was built to fight against the forces of vice,
But one fateful night they would pay the heaviest price.

The Pythagorean tradition and torch would then be passed,
Until it found, in Athens, Plato's capable hands, at last.

Just like a perfect theorem, the truth cannot be extinguished,
Her character through the ages can always be distinguished.

Her spirit remains intact with her light flowing like a spring,
A boundless source from which a philosophic soul may drink.

Pythagoras shines out from Hellas's chandelier ornate,
His passion would make him *Sophia's* dearest lifelong mate!

Πυθαγόρειος

Γεννήθηκα για ν' αγαπώ,
κακία δεν γνωρίζω,
την αρετή καλλιεργώ,
το μίσος 'ξωβελίζω!

Αλήθεια διερευνώ,
σαν Αθηνά λατρεύω,
την αποχή παρατηρώ,
την κάθαρση γυρεύω.

Υπηρεσία προτιμώ,
μισθό ποτέ δεν παίρνω,
δίνω τα πάντα δωρεάν,
διδάγματα σας φέρνω.

Μαθήματα των αριθμών,
γυμνάσια σωμάτων,
ασκήσεις θείων αρετών,
καθάρσεις παθημάτων!

Ιατρική υπηρετεί
σώματος αρρωστία,
της λύρας θεία μουσική
ψυχής την ευρωστία.

Απέχω και χαμογελώ,
χωρίς καν δυσφορία,
κυρίαρχος της βούλησης,
γράφω την ιστορία.

Λατρεύω, σαν Απόλλωνα,
το φως που καταυγάζει,
σαν αδελφό το γνώρισα,
με την ψυχή μου μοιάζει!

Pythagorean

I was born only love to sow,
Wickedness I will never know,
Virtue instead is what I grow,
Casting off hate far-far below!

The sacred truth I will explore,
And Athena I will adore,
Abstinence I always observe,
Keeping my soul pure to the core.

Service to all my task will be,
Never will I ask for a fee,
Everything I will give for free,
Great precepts you'll receive from me.

Lessons from numbers you will find,
Gymnastics for body and mind,
Exercise of virtue divine,
To help you leave passions behind!

With medicine I'll find a cure,
For the disease that you endure,
And with my lyric music pure,
I'll make soft souls strong and sure.

And I will smile as I abstain,
Suffering not a bit of pain,
As master of my own domain,
I write the words to my refrain.

Like great Apollo, I delight
In the light always shining bright,
I recognized my twin on sight,
Reflecting my soul's divine light!

Ποθεί τη μοίρα των θεών,
αθανασία θεία,
καρπός της αρετής καλός
η παλιγγενεσία!

Εις τον αγώνα της ζωής,
καθώς της Ολυμπίας,
ευδαίμονες τα δέχτηκαν,
άθλα της αριστείας.

Άλλοι θ' αδράχνουν τις δραχμές,
άλλοι τιμές θα δρέπουν,
οι πιο καλοί μας αθλητές
στη θεωρία βλέπουν!

My soul seeks the share of gods,
Their sacred immortality,
The proper fruit of righteousness,
Rebirth in rationality!

In the long struggle of our lives,
As in a great Olympic game,
True happiness will be the prize,
If virtue is our highest aim.

Riches are what the many seek,
Honors are what some others reap,
But most blessed are our athletes,
If sacred truth they find and keep!

Ηράκλειτος

Ο λόγος σκοτεινός του φιλοσόφου,
της ερμηνείας όργανο ζητάει,
να φωτιστεί δεόντως, να γεννήσει
νόημα το γενναίο νέας μήτρας!

Λόγος μοναδικός, δυναμωμένος,
τις αντιθέσεις όλες συνενώνει
αρμονικά, καθώς χορδές της λύρας
της Μούσας μια οικεία μελωδία.

Αιώνιος ο Κόσμος παραμένει,
αγέννητος και άφθαρτος συνάμα,
ως πυρ αείζωο και ζωογόνο,
όντων φθαρτών ποικίλη συμφωνία!

Τα πάντα ρέει, στο κύκλωμα του Χρόνου,
σαν ποταμού τα νάματα κυλάνε,
πόλεμος πονηρός πατήρ των πάντων
ανθρώπων και θεών και ζώων άλλων.

Η Δύναμη πυρός τα μεταβάλλει,
των όντων σύνολα συναθροισμένα,
προσωρινά με μείξη των στοιχείων,
στου Σύμπαντος αέναη πορεία.

Θεός κανείς δεν έκαμε τον Κόσμο,
ούτε μπορεί ποτέ να καταλύσει
των πάντων όντων σύνθεση δεμένη,
με Λόγου συγγενούς δέματα θεία!

Ανίδεοι πολλοί θνητοί κωφεύουν,
στου Λόγου τα κελεύσματα, σημεία,
σαν Δελφικής ιέρειας τα λόγια,
ζητούν κατάλληλη διερμηνεία.

Heraclitus

The philosopher's sayings are opaque,
In need of some good interpretation,
To enlighten well, to give noble birth
To good thoughts from prolonged gestation.

Unique and powerful reason achieved
The unification of opposites,
Harmoniously, like chords on the lyre,
They form a musical consonance.

The Cosmos remains always and ever,
It's never born and it never will die,
As the eternal and life-giving flame,
Upon which all living things must rely!

All is in flux in the cycle of Time,
Flowing like water in a deep river,
War is the powerful father of all,
The gods and creatures he will deliver.

Fire has the power to transform things,
From one combination to another,
An eternal mixing and remixing
Is how the Universe moves forever.

The Cosmos was not made by any god,
Nor could it ever in time be destroyed,
To hold its composition together
The bonds of Logos divine are employed!

Many ignorant mortals are deaf to
Immortal Logos's signs and command,
Like the cryptic oracle of Delphi,
Proper interpretation they demand.

Στο κύκλωμα του χρόνου το μοιραίο,
του Ηρακλείτου λόγος θα θερμάνει,
και της Στοάς την έμπυρη Εστία,
στην Οικουμένη φως θα μεταδώσει.

Κικέρων και Σενέκας θα προστρέξουν,
ελάφια διψασμένα για να πιούνε
νερό πηγής αστείρευτης, σοφία,
Ζήνωνος και Χρυσίππου συνοδεία.

Γενναίος γίνε δύτης να βουτήξεις,
στ' απύθμενο το πέλαγος του Όντος,
την συνουσία πάντων να διακρίνεις,
και της ψυχής ίσως να βρεις το τέλος!

Ο λόγος σου του Λόγου τις δυνάμεις
αρμονικά θα δυνηθεί να δέσει,
αν με ρυθμό τυγχάνει συνημμένος,
και της ποιήσεως παντοία μέτρα.

Άσε τον Όμηρο να πλέκει μύθους,
αντίπαλος του Ησιόδου πλάστης,
θεογονίες και θεομαχίες,
αλήθεια των όντων λησμονώντας!

Στου Σύμπαντος το κάλλιστο το δράμα,
αν δε μπορείς καλώς να λάβεις μέρος,
ως θεατής να θεωρείς τον Κόσμο,
και ποιητής ποιήματα να πλάθεις.

Όνος εσύ ποτέ μην καταντήσεις,
αντί χρυσού τ' άχυρα προτιμώντας,
πίσω τον πίθηκο ν' αφήσεις πάντως,
στο δρόμο της πορείας προς το Θείο!

In the fateful cycle of hungry Time,
Heraclitus' good Logos would ignite
The Stoics' sacred and fiery Hestia,
Who fills up the universe with her light.

Cicero and Seneca arrived next,
Like thirsty deer, to drink good water from
This inexhaustible source of wisdom,
Just as Zeno and Chrysippus had done.

Become a courageous diver and plunge
Into the endless abyss of Being,
To discern the connections underneath things,
And to see what the soul should be seeing!

Your reason with its powers of Logos
Will find its own bond with harmony,
If it can integrate with the rhythms
And the varied meters of poetry.

Leave Homer to compose his great fables,
Competing with Hesiod, his main rival,
To explain the gods' origin and strife,
While forgetting about truth's survival!

In this most beautiful cosmic drama,
If as an actor you can't play a part,
Then contemplate it as a spectator,
Writing poetry with ink from your heart.

Never be the proverbial donkey,
That preferred to have hay over gold,
Leave your ape-like ancestors behind you
And start climbing the divine upward road!

Μεγάλη Ελλάδα

Στη Μεγάλη Ελλάδα να πας,
σαν αετός του Διός να πετάξεις,
κι αν θα βρεις κείνο που αγαπάς,
αρετής την παλαίστρα να φτιάξεις!

Τι τους έσπρωξε τόσους εκεί,
εραστές της σοφίας μεγάλους;
Ιταλού, Σικελίας την γη
να γνωρίσουν μαζί με τους άλλους,

Της Ελλάδος τους γόνους καλούς,
ναυτικούς τολμηρούς ποντοπόρους,
θεωρούς Φύσης όντως δεινούς,
καβαλάρηδες, συνοδοιπόρους.

Πυθαγόρας εκεί θα φανεί,
μία θεία κι ηλιόλουστη μέρα,
μελωδία θα ψάλει καλή,
σαν Ορφέας μαγείας φλογέρα!

Νοσταλγός την Σαμία τη γη,
μ' ένα πόνο ψυχής θεν' αφήσει,
με Αιόλου την θεία πνοή,
αποικίας στοργή θα ζητήσει.

Ξενοφάνης εκεί καρτερεί,
να δεχτεί της σοφίας το δώρο,
για να σπείρει στην εύφορη γη
μονωδίας Θεού θείο σπόρο.

Φυσικός και μαζί ποιητής,
τα ριζώματα Φύσης τιμάει,
μοναχός θείος Εμπεδοκλής
πυρ, αήρ, γη και ύδωρ μετράει.

Magna Graecia

Off to Magna Graecia you go,
Like the eagle of Zeus you fly,
And if you find there the one you love,
Virtue's gymnasium you'll revive!

What was it that once pushed them there,
Wisdom's most impassioned lovers?
In Italy and Sicily fair
They shared their minds with the others,

The brightest of Greece's children
Who sailed boldly across the sea,
To study the being of Nature,
To share the path of inquiry.

Pythagoras there would appear,
One divine and luminous day,
Offering melodies for all to hear,
Pleasing as Orpheus would play!

His beloved Samos he'd left,
His soul full of longing and pain,
As Aeolus' divine breath
Blew him toward Croton's plain.

Xenophanes there found a berth,
Wisdom's great gift to receive,
And he sowed their fertile earth
With monistic and theistic seed.

And who could make poetry rhyme
With the sober study of Nature?
Just Empedocles, the divine,
Joining air, fire, earth and water.

Έρις, Έρως παλεύουν εκεί,
τα στοιχεία διχάζουν, ενώνουν,
ως να παίζουν της Μούσας ωδή,
Κόσμο μέγα γεννούν, ανορθώνουν!

Της Ελέας ο γόνος βαρύς,
Παρμενίδης με Ζήνωνα ξέρει
παραδόξως, ωσάν αφελής,
κεφαλής την ζαλάδα να φέρει.

Γυμναστήρια τόπων πολλά
την Μεγάλη Ελλάδα στολίζουν,
σαν κοσμήματα νέων καλά,
νου και σώματος αίγλη χαρίζουν!

Αθλητές, της σοφίας δεινοί
εραστές θα φανούν και θα δράσουν,
αρετής ποθητή τη μορφή
με αγώνες κι ιδρώτα θα πλάσουν.

Ποιητής δυνατός που μπορεί,
με του μέτρου δαιμόνια μοίρα,
αθλητές τους καλούς να κινεί,
του Πινδάρου θα παίζει την λύρα!

Strife and Love are wrestling there,
As elements split and rejoin,
Giving birth to a better world,
Where Muses play and rejoice!

Elea's serious children,
Parmenides and Zeno know
How to make simple heads spin,
With one paradoxical blow.

Many wrestling schools and gyms
In Magna Graecia you will find,
And the youth there sparkle like gems,
With beauty of body and mind!

These athletes of wisdom perform
As lovers all caught in a race
After virtue's desirable form,
With struggle and sweat they chase.

It's a powerful poet who can,
With his verses' demonic fire,
Make good athletes move foot and hand,
He's worthy to play Pindar's lyre!

Παρμενίδης

Ψηλά πολύ πέταξες Παρμενίδη,
γυρεύοντας του Όντος την πηγή,
σαν τον αετό, Διός αεροπόρος,
δεν δέχεται στη γη να περπατεί!

Των ουρανών προσπέρασες τις πύλες,
του σύμπαντος την σφαίρα τορνευτή
την είδες κατ' απ' έξω και φαντάζει
ακίνητη, Εστία συνετή!

Αγέννητο και άφθαρτο το Σύμπαν,
εκήρυξες σαφώς το Ον μονό,
των αντιθέτων πάσα συζυγία
αφήνεις για των άλλων συνειρμό.

Είναι και το νοείν μαζί δεμένα,
αχώριστα, με φίλτατο δεσμό.
Ένα το παν το κάνουν και το δείχνουν,
ακίνητο, αιώνιο, μονό!

Αισθήσεων φαντάσματα ποικίλα
είναι για τους θνητούς πλανητική
φορά παραμυθίας αναγκαίας,
βιώσιμη που κάνει την ζωή!

Αν ήθελες τα μάτια να τα κλείσεις,
του νου το μέσα μάτι ν' ανοιχτεί,
το Ένα θα μπορούσες να διακρίνεις,
πίσω από στοιχείων την τριβή.

Δικός σου λόγος για πολλούς δεν είναι,
μονάχα λιγοστούς και διαλεχτούς,
που το ζητούν το μέγα φως του Όντος,
πιο πέρ' από της γης πυκνούς καπνούς!

Parmenides

Very high indeed you flew Parmenides,
Searching far and wide for the source of Being,
Like the soaring eagle, Zeus's aviator,
Earth is just too small for your depth of seeing!

The tall gates of heaven you have transcended,
Viewing the Cosmos as a well-turned sphere,
As prudent and motionless as Hestia,
When seen from the outside, it did appear!

Unborn and undying is the Universe,
And you've declared that it is One only,
Theories about conjunctions of opposites,
You leave behind for others more lowly.

And the one great Mind is tied up together,
In a loving and perpetual bond
With all of Being, uniting everything,
Making it eternal, motionless, and One!

Sensations turn out to be phantasms,
In the minds of terrestrial mortals,
Nothing more than a needed consolation,
To soften up the trip through life's portals!

All you have to do is to close your eyes,
To open up the eye inside your mind,
Then you can discern the One's great being,
Which lies behind the phantoms of mankind.

Your ideas are not for the many,
But for the few who know dialectic,
For them they reveal the light of Being,
And cut through the thick smoke of the skeptic!

Εμπεδοκλής

Εμπεδοκλή τον γέννησε
νήσος της Σικελίας,
τον εμπνευσμένο ποιητή,
τον εραστή Σοφίας!

Ελλάς μεγάλη χαίρεται,
κι Ακράγας καμαρώνει,
καθώς θωρούν τον διφυή,
τους κλώνους του ν' απλώνει.

Με του Θαλή τους μαθητές,
θα συγκρουστεί στη μάχη,
ένας αυτός με πιο πολλούς,
σαν αθλητής, αν λάχει.

Τετράδυμες γερές αρχές,
αντί της μιας θα δώσει,
της Φύσεως ριζώματα,
Κόσμο θα συναρμόσει.

Πυρός, αέρος, ύδατος,
και γης δυνάμεις θείες,
θα συνδεθούν, σαν τις καλές
ποίησης ιστορίες!

Έρως και Έρις δυνατά,
σαν παλαιστές παλεύουν,
στοιχεία Φύσης συνωθούν,
υπεροχή γυρεύουν.

Φιλίας της ερωτικής
δύναμη συνενώνει,
τάξη και διακόσμηση
του Κόσμου φανερώνει!

Empedocles

Empedocles was born on
The island of Sicily,
A lover of wisdom and
Creator of poetry!

Magna Graecia rejoiced
And Agrigento was proud,
As they saw his double track
Of ideas spread around.

With the students of Thales
In battle he would collide,
Alone against so many,
Like an athlete full of pride.

Quadruple first principles,
Instead of one, he proposed,
As the many natural roots
Of which the World's composed.

Earth, air, fire and water,
With the divine mysteries
He connected in his good
And poetic inquiries!

Powerful Love and Strife,
Like wrestlers, breathlessly,
Push the natural elements,
Seeking supremacy.

The strength of love and friendship,
The power that joins and heals,
The organization and
Design of the World reveals!

Έριδος θεία δύναμη,
χωρίζει, διαταράζει,
τα σύνθετα τα διαιρεί,
τα σύνολα διχάζει.

Σύμπαντος ολοστρόγγυλη
σφαίρα θα παραμένει,
χωρίς κενά και διάκενα,
σα φούσκα φουσκωμένη!

Φιλόσοφος το θεωρεί,
κι ο ποιητής θαυμάζει,
πλάθει το ποίημα καλό,
και κρυφαναστενάζει!

Ποιος ήταν τάχα ποιητής,
και από πού κρατάει,
πού πάει, πόθεν έρχεται,
ρωτήματα ρωτάει.

Αυτογνωσίας σαν αρχή,
αποστασίας τέλος,
δραπέτης παραστράτησε
ψυχή, στης γης το μέρος!

Με καθαρμό τον πρέποντα,
ποινή θα ξεπληρώσει,
από φορτίο το βαρύ
ίσως να ξαλαφρώσει.

Ο Κόσμος θαύμα καθαρό,
με φως περιχυμένος,
πιο θαυμαστός εμφαίνεται,
ναός σαν φωτισμένος!

The divine force of discord,
Which separates and disrupts,
Creating complexity,
The symphony interrupts.

But the Universe remains
A sphere perfectly round,
Without any gaps or voids,
Like a bubble, full and sound!

The philosopher reflects
And the poet admires,
Weaving a crackling poem
From his internal fires!

He asked who is this poet,
Wondering about his aim,
Where he might be going and
From which direction he came.

The beginning of self-knowledge
Would be apostasy's goal,
And like a lonely fugitive,
To earth must descend the soul.

Through proper purifications,
The penalty he'd repay,
And he would be relieved
Of his heavy load one day.

The whole World is a wonder,
Surging with rivers of light,
As amazing to behold
As Athena's temple at night!

Αίτνας ψηλής ηφαίστειο,
μια μέρα θα ζητήσει
να το θαυμάσει πιο κοντά,
μα θα παραπατήσει.

Το σώμα γίνηκε καπνός,
φλόγα ψυχής πελώρια
χύθηκε κατά των θεών
παλάτια τα πανώρια!

Όμοιο προς τα όμοια,
μέγας δεσμός φιλίας
συνδέει τα καθέκαστα,
στο Σύμπαν ευκοσμίας.

Μάταια ψάχνουν οι θνητοί,
του μυστηρίου λύση,
από τη Φύση βγήκανε
και λήγουνε στη Φύση!

One fateful day Mount Etna,
Volcano sacred and tall,
He climbed to see more closely,
But he would stumble and fall.

His body turned into smoke,
His soul burst into a flame
Returning to the divine
Palaces from which it came!

The same returns to the same,
The wonderful bond of Love
Connects the whole Universe,
Earth below, Heaven above.

Mortals are searching in vain
The divine secret to learn,
From Nature they emerge,
And to Nature they return!

Πρωταγόρας

Ω, μεγάλε συ λόγιε, σοφιστή Πρωταγόρα,
με δικά σου σοφίσματα θα γεμίσεις τη χώρα!

Κοφτερό το κεφάλι σου, σαν μαχαίρι που κόβει,
δεν φοβίζουν φαντάσματα και δαιμόνιοι φόβοι.

Μία γλώσσα σου γάργαρη, σαν ρυάκι κυλάει,
σαν τη γίδα την γόνιμη, λόγους γεννοβολάει!

Πολλαπλώς άλλους παίδεψαν απορίες του ‘όντος,’
σαν τις σφήκες επίμονα, σε κουφάρι πεσόντος.

Μα καρφί δεν σου καίγεται, πάντα ρέουν κηρύσσεις,
το μεγάλο τους αίνιγμα με φανό θα φωτίσεις!

Ακατάπαυστα φέρεται μια φορά των πραγμάτων,
σαν της θάλασσας τάραχος, αφρισμένων κυμάτων.

Το παν άστατο φαίνεται, σταθερό το κανένα,
πάσα δόξα φαντάζεται σοφιστής από γέννα!

Μόνος άνθρωπος λέγεται μέτρο πάντων πραγμάτων,
και κριτής αδυσώπητος κινουμένων σωμάτων.

Των θεών τα ινδάλματα, φαντασίας οι γόνοι,
των θνητών των ταλαίπωρων αυτοκίνητοι πόνοι!

Κάθε δόκηση δέχονται των ανθρώπων τα πλήθη,
βίου πλήθος οι μέριμνες καταλήγουν στη λήθη.

Της αλήθειας πρόσωπο, κάθε νους θα το πλάθει,
όπως θέλει, σαν ποίημα, που δεν δέχεται λάθη!

Λιγοστό χρόνου μέρισμα, που μας έλαχε Μοίρας,
μην ξοδεύεται σπάταλα, με τα δρώμενα Ήρας;

Protagoras

Your magnificent words, sophist Protagoras,
Would fill up the marketplace with wisdom and class!

Your intellect is sharp, it cuts like a dagger,
Fearing neither phantoms nor demons that swagger.

Your gurgling language babbles on like a creek,
Or a she-goat dropping kids that blather and bleat!

Many others have probed the mysteries of 'being,'
Like wasps to a carcass they stubbornly would cling.

But you can't be nailed down, all is in flux, you preach,
The answers to all of life's mysteries you will reach.

The things of this world will perpetually change,
Like the violent seas with their foam-churning waves!

Everything's unsettled, nothing's constant it seems;
Such are the opinions with which a sophist's mind teems!

You say, of all things, only man is the measure,
The judge of what is whirling in this giant blender.

The gods are mere idols, children of our minds,
The mortals who fear them spank their own behinds!

Each belief that is accepted by the masses,
Ends up, with all their worries, lost in the ashes.

Each person will compose his own truth, like a song,
As he wants, with no chance he ever could be wrong!

Fate affords us only a little share of time,
Wasting it on Hera is no less than a crime.

Και χωρίς θεία φόβητρα, φοβερός θνητός βίος,
ηδονής τα εδέσματα δεσμός μόνος οικείος.

Το μηδέν, ον αγνώριστο κι άρρητο παν εφάνη,
με γλωσσίδι τ' ανθρώπινο, τόσα λάθη που κάνει!

Συνετίσου, συνάνθρωπε, τον καλό τούτον κόσμο,
όσο ζεις να τον χαίρεσαι, γιασεμί και το δυόσμο.

Κι όταν τέλειωσες, τέλειωσες, καν το πράγμα σπουδαίο,
ύπνος άσωτος θάνατος, θνητού πάθος μοιραίο!

Δόλιος άνθρωπος δύναται τα θνητά να φροντίζει,
και στο Χάρο το έσχατο χρέος του να χαρίζει!

Σοφιστείας το δίδαγμα σοβαρά να το πάρεις,
τη ζωή σαν αντίβαρο αθλητής να την άρεις!

Πρωταγόρα, φιλάνθρωπε, σοφιστείας το σθένος,
πρωταθλήματος στέφανος σου ταιριάζει, σαν αίνος!

Even without fear of gods, life is a dead end,
The pleasure of the table is our only friend.

Everything seems empty, ineffable, unknown,
To the bumbling being that buzzes like a drone!

Comply, my fellow man, with the good of the world,
Exist in harmony like mint with jasmine swirled.

At the end you will die in the proper fashion,
The dreamless sleep of death, fate of human passion!

The miserable man is ready to face death,
To Charon he willingly pays his final debt!

If you take the teachings of sophistry to heart,
You'll wrestle with your life, perform the athlete's art.

Protagoras, philanthropist, with your cheerful grace,
You are crowned as victor of the sophistic race!

Γοργίας

Σαν Γοργοπόταμος κυλάν, από Γοργία γλώσσα,
λέξεις καλές, μελίφθογγες, για των Ελλήνων ώτα!

Οξύς ο νους του, δίκοπο μαχαίρι δουλεμένο,
την θήρα της αλήθειας άφησε για τους άλλους.

Του βάθους τους ερευνητές, του Όντος ιχνηλάτες,
που δεν τρομάζουν τα στοιχειά της άβατης Αβύσσου!

Το Ον γι' αυτόν αδύνατον να δαμαστεί φαντάζει,
μ' ανθρώπου πάσα δύναμη και να λογοδοτήσει.

Ανθρώπου λόγος άστατος, σαν μύλος που γυρίζει,
εύκολα περιτρέπεται κι ενάντια δοξάζει.

Γοργίας ερωτεύτηκε της Ελληνίδας γλώσσας
την καλλονή και πάσκισε να την αθανατίσει!

Το κάλλος της εράσμιο, σαν την καλής Ελένης,
τους Έλληνες ευχαριστεί, τους βάρβαρους ζαλίζει!

Οι λέξεις συνδυάζονται, σαν εραστές που θέλουν
ένας του άλλου αγκαλιά γι' αγάπης τα παιχνίδια.

Και σμίγουνε τα χείλια τους, μοιράζονται τα χάδια,
τη μέρα νύχτα κάνουνε κι έρωτα δε χορταίνουν!

Ισόκωλα και πάρισα, αντίθεσης τα πάθη,
αρμονικά συμπλέκονται με τόνο μελωδίας.

Η σκέψη του ξεκάθαρη, σαν ουρανός γαλάζιος
μιας πόλεως Ελληνικής στις άκρες Μεσογείου.

Γοργίας πολυάσχολος, πολυταξιδεμένος,
την αποικία άφησε και στην Αθήνα πήγε.

Gorgias

Like the swift-moving river, from Gorgias' tongue would flow
Words that, to Hellenic ears, with beauty and sweetness would glow!

His mind was a sharp double blade, honed to a brilliant luster,
He was wise enough to leave fruitless hunts for truth to others.

Those who explore the deepest depths of Being would be remiss,
If they were scared by the ghosts that haunt the bottomless Abyss!

Being appeared to him to be impossible to conquer,
For a mortal mind to understand, despite all its power.

Human reason is unstable, it spins around like a mill,
It easily can be tripped up, beliefs can be changed at will.

Gorgias fell in love with the Hellenic tongue's beauty and wit,
And he dedicated himself to immortalizing it!

So attractive is its beauty, like that of famous Helen,
It ingratiates the Hellene and dazzles the barbarian!

His words were matched together like pairs of devoted lovers,
Who play their erotic games as one embraces the other.

They mix their lips together and share caresses, elated,
Making the day into night, for their love is never sated!

The balancing of syllables, opposing views for effect,
With melodic tones and harmony, words he would collect.

His thought was as clear as crystal, like the bright blue skies of most
Of the Greek settlements on the Mediterranean coast.

Gorgias was very busy, an extremely well-traveled man,
He left his Sicilian colony and to Athens he ran.

Η τέχνη του γοήτευσε τους Αθηναίους πάντες,
που γλώσσα την καλλιεργούν, σαν πατρικό τ' αμπέλι.

Μονάχος ένας γέροντας, δύστροπος, ρακενδύτης,
δεν έδειξε να πιάστηκε στου Ρήτορα παγίδα.

Του Δήμου τα καμώματα, του λόγου τα τερτίπια,
δε φάνηκαν να συγκινούν φιλόσοφο Σωκράτη!

Αντί το Όν, τον εαυτόν γύρευε να γνωρίσει,
την ευτυχία της ζωής εντός του την ζητούσε.

Και Πλάτων, ο περίφημος, έπρεπε να διαλέξει,
σαν Ηρακλής ο έφηβος, το δρόμο που θα πάρει.

Τι τον τραβούσε πιο πολύ, Γοργία ρητορεία
για του Σωκράτη δυνατές, δύσκολες ερωτήσεις!

Σωκρατικά ρωτήματα και του Γοργία χάρες
θα τα συνδέσει τεχνικά στου διαλόγου είδος.

Του νου γοργοπετάγματα με τα δεσμά του λόγου
θα δέσει και θα δοξαστεί, φιλοσοφίας φάρος!

Όπως Γοργίας μάγεψε τον Δήμο της Αθήνας,
έστι και Πλάτων Δίωνα στην πόλη Συρακούσας.

Αν Δίων Διονύσιος ήταν, το δίχως άλλο,
διάφορη και δοξαστή η μοίρα της Ελλάδος.

Το κέντρο του Ελληνισμού στη Σικελία νήσο,
στη μέση στη Μεσόγειο, καρδιά της Οικουμένης!

Επίγεια θα φώτιζε, το σκότος θα σκορπούσε,
σαν ήλιος Απολλώνιος, του Κόσμου θείο κέντρο!

He charmed all the Athenians with his linguistic designs,
For they cultivated their language like the family vines.

There was just one eccentric old man, dressed in rags, whom he met
And refused to get caught up in the smart Rhetorician's net.

The behavior of the masses, the clever linguistic tease
Didn't seem to move the wise philosopher Socrates!

Instead of searching for Being, he would seek to know himself,
To explore inside his soul in search of happiness and wealth.

And Plato, the famous youth, needed to make a hard choice,
As the youthful Heracles did, to find his path and his voice.

Which one drew him in more, Gorgias's rhetoric slick and fast,
Or the difficult, dynamic questions old Socrates asked?

In the end, Socratic questions with Gorgias' catalog
He would combine artistically in the form of dialogue.

His rapidly flying mind, tamed by the bonds of good reason,
Eventually made him become Philosophy's shining beacon.

Just as Gorgias had made the Athenians charmed and dazed,
So young Dion of Syracuse by Plato would be amazed.

If Dion had been Dionysius, without any doubt,
An even more glorious fate for Greece would have come about.

The center of Hellenism would have been the Sicilian nation,
In the Mediterranean, heart of civilization

It would have enlightened the world, shattering all darkness,
Like the sun of Apollo, the Cosmos' soul and catharsis!

II

Σωκρατικοί
Socratics

Σωκράτης

Την είδε τη ζωή σαν κωμωδία,
καθόλου δεν την πήρε σοβαρά,
ρωτήματα την ρώτησε ποικίλα,
απάντηση δεν έλαβε καμιά!

Τα πλούτη, των πολλών οι φλυαρίες,
που πιάνουν Σοφιστές σαν τα πουλιά,
τιμές, ζητωκραυγές κακών κηφήνων,
Σωκράτη δεν του πήραν τα μυαλά.

Του Σάτυρου φορώντας προσωπείο,
τη γλώσσα την χειρίστηκε καλά
και τράβηξε την προσοχή των νέων,
των Αθηναίων έγινε βορά.

Των λόγων το διάλογο που φέρνει
ζαλάδα στο κεφάλι και κινεί
το μίσος για τον άνθρωπο που κάνει,
πως δε γνωρίζει κείνο που ζητεί.

Ο Μέλητος με άλλους πατριώτες,
χωρίς αιδώ και δέος θεϊκό,
καταγγελίας σκάρωσαν τη δίκη,
Σωκράτη τον κηρύξαν άθεο!

Διαφθορέα νέων της Αθήνας,
στα χέρια τους το μέλλον που κρατούν
της πόλης, με βαρβάρους πολεμώντας
ηγήτορες Ελλήνων να γενούν.

Ούτε τη δίκη σοβαρά την πήρε,
ματαία Ερμογένη συμβουλή,
θανάτου φόβος δεν πτοεί τον άνδρα,
που λύτρωση στο θάνατο ζητεί.

Socrates

He saw life as if it were comedy,
Taking it seriously not even once,
Asking everyone all kinds of questions,
Receiving answers not even from one!

The wealthy snobs and babbling masses,
Who latched onto Sophists like hungry birds,
Who applauded and honored worthless drones,
Failed to beguile Socrates with words.

Like a satyr hiding behind a mask,
He wielded his powerful language well,
Attracting attention from Athens' youth,
While the citizens made his life hell.

Working only with words and ideas,
He set spinning the minds of pompous men,
And drew hatred for daring to admit
That he didn't know things beyond his ken.

Young Meletus and his patriot friends,
Lacking shame and divine reverence,
Brought him to trial on nebulous charges,
Declaring Socrates to be atheist!

They said he had corrupted Athens' youth,
Who held the city's future in their hands,
As barbarians clamored at her gates,
They were needed to save Hellenic lands.

Not even the trial was serious to him,
He found useless Hermogenes' advice,
Grim death does not intimidate the man,
Who seeks deliverance from earthly life.

Αν αρετής τη φορεσιά φοράει,
θάνατος δε φοβίζει την ψυχή,
πανέτοιμη για το ταξίδι κείνη,
μελέτη του θανάτου κι η ζωή.

Μακάριος ο δάσκαλος που βρήκε
σοφίας εραστή και μαθητή,
με την αξία Πλάτωνος, που ξέρει
αθάνατη να κάνει την ψυχή!

As long as it wears virtue as its armor,
Death cannot frighten a strong healthy soul,
It waits patiently for its trip below,
Ready and willing to pay Charon's toll.

Fortunate is the teacher who has found
A lover of wisdom and deep learning,
A student with Plato's understanding,
To satisfy his soul's deepest yearning!

Αλκιβιάδης

Αλκιβιάδης

Άτοπος άνθρωπος εσύ,
γεμάτος απορία
δικός σου έρωτας καλέ,
φιλόσοφε Σωκράτη!

Πολλοί θνητοί, μακαριστοί
πολίτες της Αθήνας,
αγάπησαν και πόθησαν
δικό μου θείο κάλλος.

Την εφηβεία κόσμησε
του θείου κάλλους αίγλη,
ως Παρθενών περίτεχνος
Ακρόπολης τον Βράχο!

Μα τώρα συνετίστηκαν,
ένας μετά τον άλλο,
και πάψανε να μ' ενοχλούν,
να με περιστοιχίζουν.

Μόνος εσύ παράφορε,
Σωκράτη περιπαίχτη,
παρέμεινες ατάραχος,
στο πρώτο σου το πάθος!

Τι θες, λοιπόν, περίεργε,
περιφανή Σωκράτη,
τι περιμένεις να συμβεί
ανάμεσα στους δυο μας;

Δεν είμαι πια μειράκιο,
της Ήβης ψυχοπαίδι,
ωρίμασα και γίνηκα
σαν άντρας με μουστάκι!

Alcibiades

Alcibiades

You are a very strange man,
Whose eccentric erotic tease
Is full of questions and queries,
Dear philosopher Socrates!

Many mortal men, the best
Of the citizens of Athens,
Loved and desired my beauty,
And other gifts from heaven.

Most of all when puberty's bloom
Adorned my cheeks, they would flock,
Like the Parthenon that beckons
Up on Acropolis' rock!

But now they've come to their senses,
Each one after the other,
And quit following me around,
Flirting and being a bother.

Only you continue to play,
In your Socratic fashion,
Ironic and undisturbed,
Since the start of your great passion!

What do you want, curious one,
Dear Socrates, so famous,
What are you hoping will happen
Here between the two of us?

I'm not an ephebe anymore,
Hebe's servant unabashed,
I have grown up now to become
Like a man with a mustache!

Καθάρισε τη θέση σου
κι εξήγησε τον λόγο,
που κάνει ένα γέροντα
ξωπίσω μου να τρέχει.

Καθώς ο σκύλος τον λαγό,
αετός το περιστέρι,
με κυνηγάς νυχθημερόν
και καταντάς γελοίος!

Και δεν μιλάς, περίεργο,
κουβέντα δεν σου παίρνω
για τούτη την υπόθεση,
λαλίστατος κι ας είσαι!

Κρίτων, Ευθύφρων, Φαίδωνας
και ο καλός ο Φαίδρος
να σε στομώσουν δε μπορούν,
χείμαρρος ερωτήσεις!

Περνούν από τα χείλη σου
και πριν τις απαντήσουν,
νέες εσύ περίπλοκες
τους κάνεις ερωτήσεις.

Μόνο σε μένα φέρεσαι
διάφορος απ' άλλους,
σαν εραστής ακολουθείς,
μα καν μιλιά δε βγάζεις!

Τα ψέματα τελείωσαν,
απάντηση ζητάω,
ερωτικού του πάθους σου
την πιθανή αιτία.

Make all your motives clear to me,
Explain to me the reason,
An old man tracks me like a hound,
Outside the hunting season.

Like the dog that chases the hare,
Or the eagle hunts the dove,
You pursue me all day and night,
Ridiculous in your love!

And with me you keep your mouth shut,
Like a man who never talks,
About this very strange affair,
Though you're Athens' chatterbox!

Euthyphro, Crito, and Phaedo,
Along with Phaedrus the good,
Try in vain to keep you quiet,
Your questions rush like a flood!

They flow outward from your lips,
And before they can be answered,
You make things more complex,
By raising more brand new questions.

Only with me indeed you act
Differently from any other,
No words come out of your mouth
Though you track me like a lover!

Let all these lies come to an end,
I demand a straight answer,
What's the hidden motivation
For your erotic passion?

Σωκράτης

Αλκιβιάδη ζηλευτέ,
καλέ γιε του Κλεινία,
δικαίωμά σου να ρωτάς
και να ζητάς τον λόγο.

Ποτέ μου δε φοβήθηκα
να λέγω την αλήθεια,
και θα την πω, αν χρειαστεί,
πολλές φορές ακόμα.

Λοιπόν, πολύ σ' αγάπησα,
έφηβος όταν ήσουν,
κάποιου θεού το θέλημα
φαίνεται πως θα ήταν.

Για να δεθούν της μοίρας μας
τα νήματα μια μέρα,
για το καλό της πόλεως,
της Αθηνάς Παλλάδος!

Ξέρω, πολλών των εραστών
έρωτας βαφτισμένος,
με του δικού σου σώματος
κάλλος χαριτωμένο.

Άλλο θεός του έρωτα
έβαλε στην ψυχή μου,
όταν του νου μου έστρεψε
την προσοχή σε σένα.

Γνωρίζω, υποπτεύομαι,
τον μυστικό σου πόθο:
θέλεις μαθές να ηγηθείς
του Δήμου Αθηναίων!

Socrates

Fortunate Alcibiades,
Noble son of Cleinias,
You have every right to question
Me and to ask for my reasons.

I have always been unafraid
To articulate the truth,
And if need be, I will say it
Many times over still.

With you I fell deeply in love,
When you were adolescent.
It seemed to be the desire
Of some god or another,

One day to tie up our fates,
To braid together our strings,
To benefit this, the city,
Of great Pallas Athena!

I know that your many lovers
Were struck by Eros's arrow,
From the mesmerizing beauty
Of your young, well-graced body.

But it was a different arrow
That Eros shot in my soul,
And turned my mind around
To pay attention to you.

I understand, or maybe suspect,
Your own secret desire:
You want of course to rule over
The Athenian people one day!

Ει δυνατόν, και της λοιπής
ολόκληρης Ελλάδος,
της Λακεδαίμονος μαζί
και της Μικράς Ασίας!

Κάποτε και της Περσικής
της Αυτοκρατορίας,
εσύ να γίνεις Ηγεμών,
Άρχοντας Αυτοκράτωρ!

Ο μυστικός ο πόθος σου
για να καρποφορήσει,
έχεις ανάγκη σύμβουλου,
θείου συμπαραστάτη.

Αυτός ο λόγος που θεός
δεν άφηνε δική μου
γλώσσα λαλίστατη ποτέ,
ως τώρα, να μιλήσει!

Έπρεπε πρώτα ν' ανδρωθείς,
καλά να καταλάβεις
δική μου θεία δύναμη,
δικό σου θείο πάθος!

Για να πετύχεις το σκοπό
και να εξουσιάσεις
Αθήνα πολυπράγμωνη
κι απέραντη Ασία,

πρέπει καλά να εννοείς
και να καταλαβαίνεις
δίκαια και συμφέροντα,
καλά της πόλης έργα!

Τα εαυτού και εαυτόν
αν πρώτα δε γνωρίσεις,
ηγέτης μέγας και τρανός
αδύνατο να γίνεις.

And, if possible, all the others,
The complete nation of Greeks,
Even the tough tribes of Sparta
Together with Asia Minor!

And someday perhaps the whole
Empire of the Persians,
You wish to become the king,
Absolute sovereign Ruler!

In order for this secret
Desire of yours to bear fruit,
You need to have an advisor,
Your own divine supporter.

This is the reason that god
Would never allow my tongue,
Although I'm a chatterbox,
To speak about this 'til now!

I was waiting for you to mature,
So that you could understand
My own god-given power,
And your own divine passion!

In order to achieve your goal,
For you to rule with power,
Both the unruly Athens
And the expansive Asia,

You will need to appreciate
And well to understand
What is just and what expedient,
In all the city's good works!

If first you do not come to know
Yourself and your abilities,
A great and powerful leader
It's impossible to become!

Από θεού τ' Απόλλωνα,
Πυθίας θείο στόμα,
βγήκε καλός, πολύτιμος
αυτογνωσίας λόγος:

"Γνώθι σ' αυτόν ταλαίπωρε
θνητέ και κατεργάρη,
θεών φτηνό περίγελο,
της τύχης κλοτσοσκούφι!"

Αλκιβιάδη κάλλιστε,
ευτυχισμένε φίλε,
δεν είσαι συ τα πλούτη σου
και τα υπάρχοντά σου.

Καλύβα κατατέθηκε
του σώματος το κάλλος,
και κάλυψε την καλλονή
θείας ψυχής εντός σου!

Εκείνη ερωτεύτηκα,
να την παιδέψω θέλω,
σαν αθλητής ακάματος
στης αρετής παλαίστρα.

Είτε Απόλλωνος καλού,
είτ' Αθηνάς σοφία,
στο δρόμο σου συνοδηγό
με φέρανε μια μέρα.

Περίμενα, σαν εραστής,
άλλοι πολλοί να πάψουν
να σε κοιτούν, να σου μιλούν
και να σε κολακεύουν.

Για να μπορέσω κάποτε
λόγο καλό να δώσω,
απολογία έρωτα
στο γιο καλού Κλεινία!

From the always truthful mouth
Of great Pythian Apollo,
Comes good and precious advice
On the value of self-knowledge:

"Know thyself, wretched mortal,
You miserable scoundrel,
Cheap laughingstock of the gods,
Fate's toy to be kicked around!"

My dearest Alcibiades,
Happy and fortunate friend,
You are distinct from your riches
And all of the things you own!

Your body, with all its beauty,
Is nothing more than a hut,
That shelters the greater beauty
Of your divine soul inside!

Your soul's what I fell in love with,
And it's that which I want to train,
Like an unfaltering athlete,
In virtue's gymnasium!

It was either good Apollo
Or maybe wisest Athena,
Who sent me here on that day
To be your travelling companion!

And I waited, as a lover,
For all the others to stop
Looking at you, talking to you,
And flattering you with words.

So that finally I could come
And offer these better words,
An apology for my true love,
To Cleinias' beautiful son!

Αλήθεια πάσα μοναχή
ζήτησες από μένα,
την έχεις και της εκλογής
δικός σου πέφτει κλήρος.

Έχεις τον θείο θησαυρό
στα βάθη της ψυχής σου,
ηγέτης γίνε γνώριμος
στην πόλη την οικεία!

You have asked for the naked truth
And nothing beyond from me.
Now you have it and you must choose
Which of these paths you will take!

You possess a divine treasure,
Within the depths of your soul,
To become a worthy leader,
Begin by ruling yourself!

Αυτογνωσία

"Γνώθι σ' αυτόν," επίκαιρος, μεστός σοφίας λόγος,
παράγγελμα για τους πολλούς, για στοχαστές ο στόχος,
που τους κρατάει ξάγρυπνους τη νύχτα στο κλινάρι,
καθώς λαγό περίφοβο σκύλος ο κυνηγάρης!

Αλάθευτα, του Δελφικού Απόλλωνα τα χείλη,
με όργανο το μυστικό, Πυθίας θείο πνεύμα,
τον πρόφεραν, τον έγραψαν, με γράμματα μεγάλα,
στο μέτωπο καλού ναού, να δείχνει κι από πέρα.

Δάφνινος νίκης στέφανος στ' αθλητικό κεφάλι,
ιδρώτας που το πότισε προτού το στεφανώσουν.
Πολλοί πιστοί τον πρόσεξαν, λίγοι τον καταλάβαν,
τούτο τον αινιγματικό, βαθύ και θείο λόγο.

Την κρύβει την αλήθεια του, σα σκύλα το κουτάβι,
για ξένο τον προσκυνητή, περαστικό διαβάτη.
Σωκράτης, ο σοφότερος, στα σοβαρά τον πήρε,
και σαν τη Σφίγγα, πρόθυμα ρωτήματα ρωτούσε:

"Ποιος είσαι, πόθεν έρχεσαι, και κατά που πηγαίνεις,
άνθρωπε πολυπράγμονα και της φροντίδας φίλε;
Γνωρίζεις, σκέφτηκες καλά, τις ερωτήσεις τούτες,
και πάσχισες πόρο να βρεις σε τέτοιες απορίες;

Τον σπαταλάς το χρόνο σου τις γλαύκες κυνηγώντας,
τις χαραγμένες στη δραχμή, νόμισμα πολιτείας.
Της πόλης αξιώματα, Δήμου επευφημίες,
δόξες ποθείς εφήμερες, ξεχνάς το πιο σπουδαίο.

Έχεις κρυμμένο θησαυρό στου σώματος το σήμα,
θείας ψυχής αθάνατη και θεία παρουσία!
Έλληνας ο δαιμόνιος, τα πάντα ξεψαχνίζεις,
περίεργος, ανήσυχος, σαν διαβολοσταλμένος.

Self-knowledge

"Know thyself," a timely statement, wise and powerful,
For most it is a precept, but for thinkers it's a goal,
Which keeps them up in bed at night 'till morning rolls around,
Like the hare is kept alert by the hunter's loyal hound!

The saying came unerring from the lips of Great Apollo,
Mystically expressed by Pythia to those who follow.
They heard her spirit, said the words, then carved them into stone
Upon the temple's face, so they'd be widely seen and known.

They adorn it like the laurel wreath adorns the athlete,
Who spilled much sweat in order to achieve his crowning feat!
Many pilgrims read the words, but too few understand them,
The utterance is such a deep and enigmatic gem.

It hides its truth like the mother hound conceals her offspring,
Protecting them from strangers or whatever else the road brings.
But Socrates, the wisest one, gave it his whole attention
And, like the Sphinx, he eagerly asked us many questions:

"Who are you, where do you come from and where are you going?
You busybody person, caring friend of sacred knowing?
Recognize and think about all these puzzling questions,
In your puzzlement you'll find the essence of this lesson.

You waste your time hunting for a mistaken kind of owl,
Those inscribed upon the drachma, the city's sacred fowl.
You seek a place in politics, chasing the voice that flatters,
You strive for passing glory and forget what truly matters.

The dark tomb of your body conceals a treasure deep inside,
A soul both fine and immortal, your own share of the divine!
And you, demonic Hellene, search for truth on every level,
Inquisitive and restless, it seems you were sent by the Devil.

Μα την ψυχή παραμελείς κι έχει μελέτης χρεία,
τ' είναι πηγή της αρετής, άριστου βίου βάση.
Ο πλούτος με τη δύναμη, κι η δόξα με τη φήμη,
δεν δύνανται να δείξουν καν ευδαιμονίας δρόμο.

Το έλλογο το ζωντανό, που τ' όνομα τ' ανθρώπου
φορεί και κοκορεύεται, της πλάνης πέφτει θύμα.
Μόνο της εύτακτης ψυχής ο μετρημένος λόγος,
(σαν ηγεμόνας των παθών και των πραγμάτων δράστης),

μπορεί να δώσει νόημα σε μια ζωή δική του,
μέλημα θείων και θνητών σημαντικών σημείων.
Όσο γνωρίζει πιο πολύ, σαν σύκο που μελώνει,
τόσο νογάει πιο βαθιά τη φύση θείων όντων.

Φως εκ φωτός, θεού θεός, σύνδεσμος κοινωνίας
ανθρώπου νους που γνώρισε πλέρια τον εαυτό του.
Πολλά σοφίας τα ρητά, φρόνιμες παροιμίες,
σοφότατο "γνώθι σ' αυτόν," αλήθειας σημάδι!"

But your soul you are neglecting, though she is begging for care,
She is the source of all virtue and the best life you'll find there.
Wealth with all its heady power, and glory with all its fame,
Will lead you far astray if it's at happiness that you aim.

The name of "rational animal" all mankind bears with pride,
But we still fall victim easily to every tempting lie.
Only the soul, well-ordered by the measure of right reason,
(The ruler of all the passions and the doer of good things),

Is able to create meaning in terrestrial, mortal lives,
And to interpret correctly both divine and mortal signs.
The more that she understands, like grapes ripening on the vine,
The deeper she will comprehend the nature of things divine.

A light from light, a god from god, a bond of real empathy
Will become the mind of the man who knows himself completely.
There are many learned proverbs and clever sayings forsooth,
But wisest is to "know thyself," the clearest path to the truth!"

Κώνειο

Αντί κέσιου κι άλλης τιμωρίας,
προτίμησες μισθός να σου δοθεί,
ανταμοιβή πολλής υπηρεσίας,
που πρόσφερες στην Πόλη την καλή.

Ευτύχημα για σε, σοφέ Σωκράτη,
Αθήνας δικαστές φαρμακεροί
δεν πιάστηκαν στο δόλωμά σου τότε,
σαν σπάροι του Σουνίου νηστικοί.

Η πρόταση περί μισθοδοσίας,
φαντάσου να γινότανε δεκτή,
χωρίς το στέφανο του μαρτυρίου,
η δίκη θα φαινότανε φτηνή.

Παρά την θέληση των αθανάτων,
Σωκράτης αν γινόταν μισθωτός,
αθανασίας δόξα δεν θα είχε,
και τώρα θα φαινόταν ως θνητός!

Στους συμπολίτες σου τους Αθηναίους,
διέξοδο δεν έδωκες καμιά,
ο Μέλητος τη σκάρωσε τη δίκη,
μεγάλη της Αθήνας συμφορά.

Καλότυχος ο γέροντας Σωκράτης,
η Πόλη του τον πήρε σοβαρά,
με κώνειο τον πότισε φαρμάκι,
αντί να κάνει μάτια τα στραβά.

Του γήρατος δεινά ψυχή καθάρια
απέφυγε με άδικη ποινή,
και πέταξε λευκή, σαν πεταλούδα,
στα Ηλύσια Πεδία να βρεθεί.

Hemlock

Instead of hemlock or a heavy fine,
You said you deserved a daily wage,
Reward for the service that you offered
To your City in its golden age.

It was lucky for you, Socrates wise,
That your bitter judges there in Athens
Didn't bite on your bait like hungry fish,
But instead became your cold assassins.

Public sustenance was your proposal,
Imagine if they'd taken such a leap,
Without the halo of your martyrdom,
Your trial would seem like something cheap.

If, against the desire of the gods,
You had become a poor ward of the state,
Socrates would lack immortal glory,
And simply be a winner in debate!

To your fellow citizens of Athens,
You did not offer any way around,
So young Meletus trumped up the trial,
Creating a disaster for the town.

But the old philosopher was lucky,
When his City took him seriously,
And forced him to drink the bitter hemlock,
It could simply have laughed hysterically.

Escape from all the evils of old age,
For his soul unjust punishment would yield,
And, like a butterfly, it flew away,
To arrive in pure Elysian Fields.

Ο θάνατος για τον θνητό δεν είναι
χειρότερη ποινή και πιο δεινή,
μπορεί της αρετής εκεί να κείται
στέφανος κάλλιστος, σαν αμοιβή!

For the mortal man, death can never be,
Of all potential punishments, the worst.
In death can be found the noblest crown,
A just reward for putting virtue first!

Ασπασία

Ασπασία, Μιλήσεις γόνος,
Ιωνίας παιδεία και φως
φορτωμένη σηκώνει και φέρνει
στης Αθήνας την πόλη σαφώς!

Ευειδής πιο πολύ απ' τις άλλες,
της Ελλάδας θνητές καλλονές,
στο δικό της το πρόσωπο σμίξανε
εξυπνάδας και κάλλους μορφές.

Ευφυές από φύση το θήλυ,
ρητορείας η τέχνη μπορεί
δυνατή τη γυναίκα να κάμει,
να προσφέρει πνοή μαγική.

Ανδρική θα ζητήσει φιλία
Περικλή, της Αθήνας ταγού,
το μυαλό του καλά θ' ακονίσει
με το λόγο, σαν κόψη σπαθιού.

Της εταίρας το κάλλος θα μείνει,
σαν το δίχτυ στα χέρια ψαρά,
γλώσσα νήματος άκρη θα γίνει,
Αρχηγός θα δεθεί πιο γερά.

Περσικές στρατιές προσπεράσαν,
σαν ακρίδας εσμός και σεισμός,
ό, τι βρήκαν ορθό κομματιάσαν,
τείχη στάχτη, καπνός ο Ναός!

Περικλής εμπνευσμένος με κάλλος
Ασπασίας και λόγο θερμό,
Αθηνάς θενά χτίσει σαν άλλος
αρχιτέκτων το νέο Ναό.

Aspasia

Aspasia famed child of Miletus,
Full of Ionian culture and light,
Carried with her to Athens this treasure,
To the glorious city's delight!

Beautiful, even more than the others,
All those fine-looking women of Hellas,
Because somehow her face mixed together
Prettiness shaped by intelligence.

The female is loquacious by nature,
But the art of rhetoric can make her,
With the help of a magical spirit,
Into something even superior.

She would seek the masculine partnership
Of Pericles, Athenian lord,
And sharpen his intellect with her passion,
As if honing the blade of sword.

The beauty of the courtesan snared him,
Like a net in an angler's skilled hands,
With her smart words acting as filaments,
Which would catch him up in their strong strands.

The Persian armies that trampled right through,
Like great swarms of locusts and earthquakes,
Reduced walls to ashes, temples to smoke,
Leaving fear and destruction in their wakes.

Pericles, moved by Aspasia's beauty
And inspired by her loving words too,
Would reconstruct Athena's great Temple,
And rebuild Athens city anew.

Συμμαχία Ελλήνων θα στήσει,
των Βαρβάρων εχθρός θα φανεί,
λευτεριά πιο γλυκιά θα χαρίσει,
σ' Ιωνίας την ένδοξη γη.

Ασπασία σιμά θα μαζέψει
κύκλο νέο ανθρώπων σοφών,
Πρωταγόρα, Σωκράτη και άλλων
φιλολόγων, δεινών σοφιστών.

Ευριπίδης εκεί θ' ακονίσει
στίχων λόγο καινό, τραγικό.
Αναξαγόρας σύμπαν θα δέσει
με του Νου λογισμένο δεσμό!

Αίγλη δόξας λαμπρή στεφανώνει
Αθηναίων την πόλη ξανά,
της Ελλάδος σχολείο την κάνει,
την Ευρώπη στολίζει λαμπρά.

Του χρυσού του αιώνα λαμπράδα
ζηλευτή και τον φθόνο κινεί
της διχόνοιας, παρέκει που στέκει,
την Ελλάδα με πάθος μισεί!

Της Αθήνας η δόξα για Σπάρτη,
σαν αγκάθι στο πόδι θεριού,
πόνος μέγας εμπνέει μανία,
μάτι βγάζει θαρρείς τ' αδερφού.

Μαραθώνιο τρόπαιο νίκης,
Σαλαμίνας ο θρύλος τρανός,
μα σε λίγο και τούτα μαυρίζει
των Ελλήνων δεινός διχασμός.

Ο λοιμός θα ρημάξει την πόλη,
Περικλής θύμα πέφτει κι αυτός.
Ασπασία το πένθος θα φέρει,
σαν ανδρείος Σωκράτης, σοφός.

An alliance of Greeks he would create,
Against the Barbarians joining hands,
Eventually winning sweet liberty
For the glorious Ionian lands.

Aspasia meanwhile would gather around
A circle of the wisest of men,
Protagoras, Socrates -- the best group
Of scholars and sophists there'd been.

There, Euripides would learn to sharpen
The lyric strength of his tragic song.
And Anaxagoras tied together
The universe with Mind as its bond!

Soon a bright glowing glory would crown
The great city of Athens again,
Enlightening the whole of Hellas
And all Europe beyond, now as then.

The brilliance of Hellas's golden age
Is envied and attracts jealousy,
Prompting discord, always waiting nearby,
To fill all Greece with enmity!

For zealous Sparta, Athens' great glory
Was like a thorn in a lion's paw.
A man could take out his own brother's eye
With such pain full of anger and awe.

The prize of the victory at Marathon
And old Salamis' legend were peaks;
But soon even these feats would be erased
By the discord dividing the Greeks.

Then the plague devastated the city,
Causing even Pericles to fall.
But with the friendship of wise Socrates,
Aspasia bore her grief and stood tall.

Φευγαλέα ροή των πραγμάτων,
της Αθήνας καλλίστη στιγμή,
μ' Ασπασίας το κάλλος δεμένη,
παραμένει μονίμως λαμπρή!

The flow of all things is fast and fleeting,
But Athens' bright moment in history
Will always be with Aspasia's beauty
Bound together in perpetuity!

Αριστοκλής

Αριστοκλή, καλέ, σε καμαρώνω,
καλότυχος φαντάζεις πιο πολύ,
από θνητών τ' αλλότριο το πλήθος,
που στης Παλλάδος πόλη συνοικεί!

Νέος, ωραίος, ευφυής προ πάντων,
αθλητικότατος όσο κανείς,
στο πήδημα, τον δρόμο και την πάλη,
στεφάνι κάθε νίκης καρτερείς.

Γόνος καλός προγονικής μιας ρίζας,
που έβγαλε βλαστάρια εκλεκτά,
στο Μαραθώνα πάλεψε δικός σου
παππούς με των Περσών πανστρατιά!

Κληρονομιάς κτήματα περισσεύουν,
χρήματα πιο πολλά τα συγκρατείς,
χρειάζεται και προσοχή μην πέσεις,
προτού προλάβεις καν να σηκωθείς.

Καλότυχη των Αθηνών η πόλη,
έργα καλά 'πό κείνον καρτερεί,
που πλούτισε με Τύχης θεία δώρα,
δεν λησμονεί πως λείπει κάτι τι!

Αριστοκλή, καλό το όνομά σου,
της αριστείας το σημαντικό,
παντοίας αρετής το πανωφόρι
να το φορείς, ως μάχης οπλισμό.

Χωρίς της αρετής φρουρά φαντάζει,
κτήμα και χρήμα πατρογονικό,
άστατο, πετεινό, και πεταμένο
στη ζάλη των ανέμων, σα φτερό!

Aristocles

Aristocles, good man, I admire you,
So fortunate you seem to me to be,
In comparison with all the other men
Living in Athena's sacred city!

Youthful, attractive, and blessed by noble birth,
Athletic, more than almost anyone,
In the long jump, running, and the wrestling,
A champion you're certain to become.

Your family tree has deep and robust roots,
Which support so many well-known branches,
At Marathon your grandfather fought well
Against the fearsome army of the Persians!

You've inherited all the land you need,
And you have more money than the other men,
But you must be careful not to stumble
Before you've learned how to rise up again.

Athens is a great and lucky city,
From you she is expecting greater things,
Your wealth has come by the grace of Fortune,
But don't forget that something is still missing!

Aristocles, your most beautiful name
Indicates the excellence you harbor.
May you bear the shield of many virtues
In life's battles, like a hoplite's armor.

Without virtue's guardianship, it seems
That every field and coin that you've been sent
Becomes unstable and ready to flee,
Like a feather blown around by the wind!

Πολλά δωρήματα θεός αν δώσει,
μεγάλο το λογαριασμό ζητεί
στο τέλος, όταν πράξη κάθε μία
με Δίκης το ζυγό θα ζυγιαστεί!

From those to whom the gods give many gifts,
Greater recompense is asked, without fail
In the end, when everything is measured
On Justice's never-erring scale!

Φιλόσοφος Δάσκαλος

Σαν Προμηθέας με πυρσό,
δεν πήγες συ να κλέψεις
πυρ των Ολύμπιων Θεών,
κόσμους να διαφεντέψεις!

Είχες τη ρίζα της φωτιάς
στα βάθη της ψυχής σου,
από μια φλέβα της φυλής
που ήταν γονική σου.

Σαν Αθηνά, στο χέρι σου
συ δεν κρατάς κοντάρι,
μα, σαν αρχαίος σοφιστής,
χαρτί και καλαμάρι.

Το γράψιμό σου όμορφο,
σαν άγαλμα αρχαίο,
σαν ένα σύμπλεγμα Ψυχής
με Έρωτα μοιραίο!

Σφύζει με δύναμη ζωής,
σαν αθλημένο κάλλος,
εσύ και γλύπτης της ψυχής
και δάσκαλος μεγάλος.

Ψάχνεις το μέτρο για να βρεις,
καλά για να μετρήσεις
θείας ψυχής την αρετή,
την ομορφιά της Φύσης.

Νους ευφυής και υγιής,
σε σώμα γυμνασμένο,
είναι για σε το άγαλμα,
το καλοδουλεμένο.

Philosopher-Teacher

Unlike the great Prometheus,
You didn't come forth to steal
Fire from the Olympic Gods,
Man's good wisdom to reveal!

You already had that flame's source
Smoldering deep inside,
Having been planted in your soul
By some ancestral tribe.

Unlike warrior Athena,
Your hand does not grasp a spear.
Ink and paper are your good tools,
For forging hope and not fear!

The great beauty of your writing,
Like bright ancient marble shines,
Just like the statue of Psyche
With good Eros intertwines!

It throbs with the power of life,
The athlete's beauty within,
Great teacher, you can shape souls
By sculpting them with your pen!

You look to find the proper gauge,
So that you can well-measure
The excellence of human souls
And the beauty of Nature!

An intellect sound and fertile
In a body finely trained,
That is the beautiful sculpture,
You're laboring to attain!

Τη γλώσσα την Ελληνική
και τη Φιλοσοφία,
σαν δύο μούλες σε ζυγό,
έζεψες με μαγεία.

Σαν αρμονίας έρωτας,
έμαθες από χρόνια
πως να ταιριάζεις τα θνητά
με τ' άλλα, τα αιώνια.

Από τη φλόγα της φωτιάς,
που καίει τα σωθικά σου,
σαν μία δάδα του βωμού
και λάμπει η ματιά σου,

έρχονται νέοι σπουδαστές
προσμένοντας να λάβουν
λάμψη από τη λάμψη σου,
σαν τα κεριά π' ανάβουν!

Το δρόμο συ που διάλεξες,
σαν Ηρακλής του Δία,
εκείνοι θα βαδίσουνε
καλά, με καρτερία.

Κι όταν ο Χάρος άκαρδα,
σα μουσικής μια νότα,
σβήσει το φως που φώτιζε,
χίλια θα φέγγουν φώτα!

Με τη χορεία των σοφών,
ο Νους θα ξαποστάσει
και, με κρασί αθάνατο,
Θεά θα τον κεράσει!

The beautiful Hellenic tongue
Along with philosophy,
Like two mules under one yoke,
You combined with alacrity.

Like a lover of harmony,
You have learned over the years
How to match up the mortal and
The immortal without fears.

And inside your fiery soul,
There are flames that leap and dance,
They flicker like Easter candles,
Illuminating your glance!

Students come forward to listen,
To read all the books you write,
Hoping that your shining brilliance
Will set their own souls alight!

The road which you have selected,
Like Heracles, son of Zeus,
Will also be followed by them,
With the fervor of those who choose.

And when that dark heartless Charon,
Like a note from within a song,
Snuffs out the flame inside of you,
A thousands more lights will shine on!

Within the chorus of wise men,
The Mind will rest without care,
And the goddess will offer a drink
Of immortal wine to share!

Πλάτων

Σαν αργαλειός νοικοκυράς,
ο καθαρός ο νους του
υφαίνει ύφασμα καλό,
με φάδι και στημόνι.

Φιλοσοφίας ένδυμα,
ως Αθηνάς τον πέπλο,
θα κάμει για να στολιστεί
ο νέος Παρθενώνας.

Την Ηρακλείτεια ροή
των αισθητών πραγμάτων
θα πλέξει διαλεκτικά
με στάση Παρμενίδη.

Σαν κορασιάς το κέντημα,
Πλατωνικός ο κόσμος
θα γίνει πεντακάθαρος,
άρτια δομημένος.

Ως αρχιτέκτων τέλειος,
ο μέγας Γεωμέτρης,
κόσμο θα κάμει σα ναό,
της Αθηνάς Παρθένου.

Οργανικό και σύμμετρο,
με λόγο μετρημένο,
αθάνατο και στέρεο,
σαν τον Θεό πατέρα,

Τον ποιητή γης κι ουρανού,
πάντων των ζώντων όντων,
και των αθάνατων θεών,
και των θνητών ανθρώπων.

Plato

Like an ancient matron's loom,
His clear mind sets to weave
Cloth of strength and beauty
With rigid warp and seams.

A philosophical mantle
For the wise goddess to don,
A creation to embellish
Athena's new Parthenon.

From Heraclitus's river,
He borrows the flux of things
And weaves it with stability
From old Parmenides.

Like a young girl's embroidery,
Plato's good realm of being
Would exhibit perfect order,
Unsoiled and sparkling clean.

Like the best of all architects,
The Greatest Geometer,
He would make the world a temple
Out of reverence for her.

Organic and symmetrical,
With reason's measure aligned,
It is solid and immortal,
Much like the father divine,

The poet of the heavens and
Of all of the living things,
Both the immortal deities,
As well as human beings.

Ένας ο κόσμος και καλός,
καλά αρμονισμένος
με αρμονίας τον αρμό
και το δεσμό του λόγου.

Πολλές μορφές των αισθητών,
πολλών ειδών τα είδη,
μα μία πάντων η πηγή,
του αγαθού Ιδέα!

Ωσάν μαγνήτης δυνατός
θνητή ψυχή τραβάει,
με δύναμη ερωτική,
να τιναχτεί επάνω.

Θνητών το κάλλος θεωρεί
με θεοφόρο δέος,
σαν έμμονη ανάμνηση
κάλλους των αθανάτων.

Των νοητών τα είδωλα,
εφήμερες εικόνες,
πασκίζουν με τον έρωτα
να βρουν τη σωτηρία.

Σωκράτη λόγους διάλεξε,
ως ποιητής τις λέξεις,
και διαλόγους έπλεξε
μεστούς σοφίας θείας.

Κι όταν ο νους θα κουραστεί
να θεωρεί τον Κόσμο,
παίζει παιχνίδι σαν παιδί,
σκαρώνει Πολιτεία.

Με σχήμα τρισυπόστατο
διαλέγει τους πολίτες,
τους γεωργούς, τους μαχητές,
τους άρχοντες τους γνώστες.

A world unique and beautiful
That has been harmonized well,
A swirl of concordance bound
Within a rational shell.

There are many shapes to look at,
And thoughts to be understood,
But all of them spring from one source,
The Idea of the Good!

Just like a powerful magnet,
Mortal souls it will attract,
And with great erotic power,
Pull them onto a higher track.

They'll observe visible beauty
With divinely given awe,
Allowing them to recollect
The immortal beauty they saw.

Intelligible images,
These ephemeral idols,
Try desperately through Eros to
Become forever vital.

He chose Socratic sayings, like
A poet chooses his words,
And his dialogues would invoke
The wisdom of Grecian Gods.

And when his mind became weary
Of viewing cosmic beauty,
It began playing a child's game,
And built the Ideal City.

The citizens were arranged
Into a three-fold structure,
With the artisans and soldiers,
Led by the wisdom-lovers.

Γνωρίζουν, σαν τον υφαντή,
τα νήματα να πλέκουν
και μέρη πόλης να κρατάν
με τα δεσμά του Νόμου.

Την αρετή, που ενοικεί
στα βάθη της ψυχής τους,
στην πόλη τη διδάσκουνε
με έργα λογισμένα.

Σαν Πηνελόπη συνετή,
Πλατωνική σοφία
πολλούς μνηστήρες θα γευτεί
στο διάβα των αιώνων.

Θα την ζητούν πεισματικά
να γίνει σύζυγός τους,
μα κείνη με τεχνάσματα
θα τους περιγελάει.

Οι θεολόγοι Χριστιανοί
με οπαδούς Προφήτη
θα χτυπηθούν για μέρισμα
Πλατωνικής παιδείας.

Απόλλων αν δεχότανε
θνητή μορφή να πάρει,
ως Πλάτων θα φαινότανε
στη φλύαρη Αθήνα.

Θα πέταγε, σαν τον αετό,
σαν άσπρη πεταλούδα,
στον κήπο τον ολάνθιστο
το μέλι να συλλέξει.

Στον Αττικό τον ουρανό,
της Αθηνάς σοφία
λάμπει, σαν φως αιθέριο,
με την φιλοσοφία.

They discern, like a good weaver,
The suitable threads to draw,
To secure good civic order
Within the bonds of law.

True virtue is able to grow
Inside the guardians' souls,
And they will teach their city
By achieving rational goals.

Like sensible Penelope,
Plato's authentic wisdom
Would attract myriad suitors
Throughout the ages to come.

They will all ask persistently,
For her to become their bride,
But, with clever tricks and designs,
She'll take them all for a ride.

The Christian theologians
As well as the Prophet's henchmen,
Were destined to be bamboozled,
By the Platonic lesson.

Yet, if the great Apollo were
To assume a mortal form,
He'd appear in chattering Athens
As Plato, infused with charm.

He would fly high like an eagle,
Or perhaps a butterfly,
And gather up garden honey
From blossoms all day and night.

The great wisdom of Athena,
In the sunny Attic sky,
Shines brighter ethereally
With philosophical light.

Πάλλει το πνεύμα με παλμό
της Αθηνάς, προλέγει:
Πλάτων σφραγίδα θα γενεί
της κλασικής Ελλάδος.

Αριστοτέλης μαθητής,
δάσκαλος ο Σωκράτης,
κρίκος μεσαίος, σύνδεσμος,
ερωτικός ο Πλάτων.

Τριάδα ομοούσια,
Ελληνικής σοφίας,
φέγγει με φως ανέσπερο,
τον κόσμο διαφωτίζει!

Athena's pulsating spirit
Philosophically decreed,
That Plato would become the
Symbol of classical Greece.

Both his student Aristotle
And his teacher Socrates
Stand erotically connected
With Plato's glorious deeds.

This triad of living wisdom,
Of deep Hellenic insight,
Still shines bright and eternally,
Filling our world with its light!

Διοτίμα

Έρως ο δυναμογόνος
κατατέθηκε στη Γη,
διεστώτα να συνδέσει
και να κάμει κατοχή!

Της κατάβασης αιτία
Κόρη πλέον ευειδής,
τα συλλογικά σου παίρνει,
αν κοιτάξεις να την δεις.

Την ανάμνηση σου φέρνει
μιας πηγής της καλλονής,
σ' επουράνια τοπία,
για στα βάθη της ψυχής!

Μέγα πόθο θείου κάλλους,
σαν το σπόρο γεωργός,
έβαλε μες την καρδιά του
φως, σαν φάρος φωτεινός.

Όραμα του κάλλους βλέπει,
άναυδος περιπατεί,
κείνο που 'χασε γυρεύει
μέρα-νύχτα να το βρει.

Δρόμο παίρνει κι ανεβαίνει
προς το θείο το βουνό,
τ' ονομάτισαν δεόντως
και τον είπαν Παρνασσό!

Ύψος Όσσας δεν το έχει,
ούτε βάρος Όλυμπου,
μα στο κάλλος παραβγαίνει
άστρο μέγα τ' Ουρανού.

Diotima

Eros, who generates power,
Has been given to this Earth,
To reconnect all its fragments
And to bring about rebirth!

The reason for the capture of
Persephone, good and fair,
Was her magnificent beauty,
Look and you'll see, if you dare.

Her memory will transport you
To beauty's most sacred spring,
Which lies in the depths of your soul,
Where nymphs swim and poets sing!

A great desire for beauty,
Just like the farmer's good seed,
Has been planted into his heart,
And on its light he will feed.

He walks inside of the vision,
Stunned by beauty, nearly blind,
The one that he has been missing,
He looks day and night to find.

He finds a path and climbs up it,
Toward the holy mountain famed
For its history and its beauty,
Parnassus by mortals named!

It lacks the height of grand Ossa,
And Olympus's heavy weight,
But its beauty even with stars
Up in Heaven can equate.

Της κατάβασης αιτία
της Ψυχής ανάβαση,
προς τα κάλλιστα τα θεία,
μ’ αρετής προσαρμογή!

Φως ανέσπερο, παρθένο,
του Αιγαίου τα νησιά,
φέγγοντας τα καταυγάζει,
περιστέρια κάτασπρα.

Αφροδίτη στον αφρό του
λούζεται και καρτερεί
Ηρακλή, τον αθλοφόρο,
να της πάρει το φιλί.

Ω, Θεά, χαριτωμένη,
μοναχή να μη σταθείς,
κύμα γαλανό ν’ αφήσεις,
στην αγκάλη του να μπεις!

Ευτυχής θνητός που βρήκε
Έρωτος το μυστικό,
στην Ψυχή πριν ξεστομίσει,
μ’ ένα δέος, σ’ αγαπώ!

Διοτίμας φωτισμένος
λόγος την παρηγορεί,
πόνο της καταπραΰνει,
και την κάνει γαληνή.

Με τον Έρωτα θα γίνει
η Ψυχή πιο δυνατή,
επί γης περιπλεγμένη,
σαν κισσός με θεία δρυ.

Αρετούσας ιστορία
μυστικά θενά δοθεί,
Αλφειός παρηγορία
εις το πάθος του να βρει.

The descent will provide a chance
For the soul to start its climb,
With virtue's unerring guidance,
Toward a beauty that's sublime!

The virgin undying light of
Aegean isles below
Shines brightly to cleanse everything,
Like doves as white as snow.

Aphrodite, in the waves' foam,
Bathes waiting for the bliss,
That Heracles soon will bring her,
When he comes to give her a kiss.

O, sweet and alluring goddess,
Do not stand there all alone,
A great blue wave will abduct you
In his arms to call his own!

Most fortunate is the mortal
Who, like Eros, knows it's true,
Even before his Psyche says,
With modesty, "I love you!"

Diotima's enlightened words
Comfort the suffering souls,
Taking away all their pain and
Offering peace that consoles.

The love of Eros can render
Even stronger his Psyche,
On this complicated planet,
As ivy shields the oak tree.

And Aretousa's mystery,
Will find a wry solution,
For Alpheios's great passion
She'll offer absolution.

Θάλεια και Τερψιχόρη
θα πιαστούνε στο χορό,
Μούσες θα τον συνοδεύουν
σαν Απόλλωνα θεό!

Συνοδεία θα πηγαίνουν
από Γη στον Ουρανό,
σκάλα στέρεα πατώντας,
θεοφόρο Παρνασσό!

Διοτίμα, θείο σκεύος
του Διός επί της Γης,
Έρωτος καλό βοτάνι,
σωτηρία της Ψυχής!

Thalia and Terpsichore will
Join hands to enter the dance,
And alongside god Apollo,
He will watch the Muses prance!

Then they will escort him safely
On the trip from Earth to Sky,
As he ascends, with solid steps,
The great Parnassus high!

Diotima, for Zeus's wisdom,
On this Earth, you are the bowl,
And the good herbs of Eros that
Soothe and heal the mortal Soul!

Ταξίδι

Αν κάμεις Σικελίας το ταξίδι,
το επικίνδυνο και κοπιώδες,
στην άχαρη του γήρατος την ώρα,
σκέψου καλά, τι θέλεις να πετύχεις.

Κατάσταση πολύ περιπλεγμένη,
ο Δίων ευφυής και προκομμένος,
μα δεν κρατεί κλειδί της εξουσίας,
Διονυσίου χέρι στο τιμόνι.

Απαίδευτος και άστατος εκείνος,
δεν παίρνει από λόγια φρονιμάδας,
τον περιβάλλει σοφιστών το σμήνος,
σαν μύγες θερινές καρδάρι γάλα!

Πόσο θ' αντέξει της ψυχής σου μάτι,
να βλέπει τέτοια πράγματα γελοία,
πολυτελή συμπόσια και δείπνα,
αταίριαστα στο ήθος και το νου σου;

Ο Δήμος Αθηναίων σε πληγώνει,
με τις υπερβολές ελευθερίας,
φιλόδικος, καχύποπτος, αστείος,
τυραννικός εχθρός της τυραννίας!

Είδες στη Δύση φως να ξεπροβάλει,
της Συρακούσας δύναμη να δένει,
της Σικελίας πλούτη σωρευμένα,
Ελλάδα τη Μεγάλη να φυτρώνει!

Ευφάνταστα να θεωρείς την πόλη,
πολίτευμα το νέο να σκαρώνεις,
και να μοιράζεις αριστείας άθλα,
δεν είναι δύσκολο ποσώς το πράγμα.

Voyage

If you take the long trip to Sicily,
The dangerous journey across the sea,
In the ungrateful hour of old age,
Think carefully of what you might achieve.

It's a very complex situation there,
Dion is intelligent and hard working,
But he doesn't hold the key to power.
Dionysius is steering the ship as king.

Unsteady and uneducated that one,
He doesn't reap any wisdom from words,
Despite all the sophists flocking 'round him,
Like summer flies 'round the butter churn!

How can your soul's bright eye endure
The vision of such outlandish things,
The sumptuous feasts and nightly banquets,
Foreign to your sober ways and thinking?

The Athenian Demos has wounded you,
It is litigious, suspicious, and funny,
With its many excesses of freedom,
Like a tyrannical foe of tyranny!

From the West you saw a light emerging,
A way to blend Syracuse's power
With accumulated Sicilian wealth,
A Greater Greece once again to flower!

You did a bit of fantastic thinking,
Devised a way to shape a new regime,
Dividing up all the noble duties
In your mind, it's not a difficult thing.

Μα, θεωρία πράξη για να γίνει,
θέλει πολύ της εργασίας κόπο,
ανθρώπων πάθη κάπως να δαμάσει,
τ' αντίθετα συμφέροντα να δέσει.

Αν ήτανε ποτέ να συνδεθούνε,
πολιτικής δυνάμεως το σκήπτρο,
με της σοφίας δύναμη και γνώση,
τ' ανθρώπινα κακά θα λιγοστεύαν.

Μα δύστροπο, δαιμόνιο το πλάσμα,
αδύναμο τον Πλάτωνα θα δείξει,
Πλωτίνου την πορεία θα στομώσει,
Ελλάς και Ρώμη θα χαθούν στο τέλος.

Κι αν δε μπορείς τον κόσμο για να σώσεις,
Ελλάδα την μικρή να συνενώσεις,
ως Μακεδών Αλέξανδρος ο Μέγας,
"γνώθι σ' αυτόν" και την ψυχή σου σώσε!

Τέτοιο και του Σωκράτη το ταξίδι,
ξηράς και θάλασσας δεν έχει χρεία.
Σαν πλοίαρχος ο νους, ψυχής το πλοίο,
το φέρνει σε λιμάνι σωτηρίας!

But turning noble theory into practice
Takes a lot of labor, as you know,
It's difficult to tame the human passions,
When conflicts in their interests start to grow

If one day we somehow could connect
The scepter of a sovereign leader's might
With the power of wisdom and knowledge,
Perhaps human evil would start to die.

But mankind, difficult and demonic,
Would reveal old Plato's fatal flaw,
Soon even Plotinus' way would be blocked,
In the end, both Greece and Rome would fall.

Well, even if you couldn't save the world
Of which dear Greece is only one piece,
Like Macedonia's Great Alexander,
"Know thyself" and let your soul be free!

Embark on a Socratic style journey,
Of land and ocean you will have no need.
If you make your mind the captain of your soul,
You may safely bring it home from the sea!

Αριστοτέλης

Απαλλαγμένος λόγος ο δικός του,
από σοφών στολίδια περιττά,
θα γίνει με το πέρασμα του χρόνου
συμπυκνωμένης σκέψης εκφορά.

Των ποιητών πετάγματα γενναία,
της φαντασίας άκρατα παιδιά,
στη σκέψη δεν ταιριάζουν τη δική του,
δεμένη με του Λόγου τα δεσμά.

Κατηγορίες πολλαπλές θα δέσει,
προτάσεις για να δώσει λογικής,
συλλογισμούς καλά θα συνδυάσει,
αλήθειας θα γίνουνε φορείς.

Πλατωνικές ερωτικές οι πτήσεις,
που θέλγουν και θωπεύουν τις ψυχές
θνητών πολλών των ταλαιπωρημένων,
Αριστοτέλης βλέπει σαν ψευτιές.

Ψυχή, από το σώμα ξεκομμένη,
αδύναμη, σαν σώμα το νεκρό,
δεν δύναται για να δεθεί με άλλο
σώμα ζεστό, οργανικά μεστό.

Αθάνατο μέρος θνητού κανένα,
μόνος ο νους ο θείος του σοφού,
ο θεατής όντων των αθανάτων,
μπορεί να ενωθεί με τ' Ουρανού!

Καθώς το κάλλος κόρης της παρθένου
τραβά με δύναμη ερωτική
βλέμμα του εραστή το μαγεμένο
και δέσμιο για πάντα τον κρατεί.

Aristotle

His way of writing was unburdened
By trite sophistic embellishment,
Pure expression of rigorous thought,
A great and unique accomplishment.

Those old poetic flights of fancy,
Wild children of imagination,
Didn't fit well with his sober thought,
Anchored fast by the bonds of reason.

He carved out many categories
And constructed sound propositions,
To build logical syllogisms
And render truthful definitions.

The erotic soaring of Plato
Pleased and caressed the aching souls
Of many long-tormented mortals,
But to him they were nothing but holes.

Soul, disconnected from the body,
Loses all of its strength like a corpse.
It depends on contact with other
Warm bodies for its organic force.

No part of mankind is immortal,
But the heavenly thoughts of the wise
Can contemplate eternal beings,
And reconnect with the cosmic Mind!

Like a young virgin's blameless beauty
Attracts with its erotic power
The enchanted gaze of her lover,
Attaching him to her forever.

Παρόμοια Νους ο κοσμικός και μέγας
του φιλοσόφου νου τον προσκαλεί
φως εκ πηγής φωτός να παραλάβει,
σαν φάρος μακρινός να φωτιστεί!

Της αρετής στενό το μονοπάτι,
ανάμεσα περνάει από γκρεμούς,
κακίας το ζηλόφθονο το μάτι
πασκίζει να πλανέψει τους πολλούς.

Και το πολύ και το πιο λίγο βλάπτει,
η αρετή στο μέσον κατοικεί,
την ηδονή σαν Καλυψώ τη βλέπει,
πράττει καλά και δεν παραστρατεί.

Στου χρόνου τα γυρίσματα ο Κόσμος
αιώνιος μαζί και σταθερός.
Εφήμερα τα πλάσματα καλούνται
ανθρώπινος της γης πολιτισμός.

Πολλές της πολιτείας οι προφάσεις,
πολλών ειδών αρχές επιστατούν,
στην κράση και την αρμονία πάντων
την κλείδα της αρίστης θα τη βρουν.

Πολιτικής προπύλαια και βάση
της ηθικής παράγγελμα θα μπει,
της αριστείας έπαινος προσμένει
τον πρώτον αρετής αγωνιστή.

Πολίτες πόλεως ευνομουμένης
στα χέρια τους κρατάνε το κλειδί
ευδαιμονίας καλά βασισμένης,
στο βάθρο που καλείται αρετή!

Από δικαιοσύνη πάνω μπαίνει
φιλία, της πολιτικής αρμός,
ομόνοιας με το σκοινί που δένει
την πόλη, σαν πανίσχυρος δεσμός.

In the same way the great cosmic Mind
Will invite the philosopher's gaze
To gather light from its endless source
And, like a lighthouse, shine through the haze!

For the path to virtue is narrow
With a steep precipice at its side,
And the many are misdirected
By the invidious eyes of vice.

Virtue will follow the middle way,
Shunning deficiency and excess;
Even Calypso's shining beauty
Cannot entice him to acquiesce.

In the eternal rotation of time,
The Cosmos is still and unchanging.
But the cities of man are ephemeral
And constantly need rearranging.

Our communities take many shapes,
And by various rules are bound,
In the harmonious blending of all,
The key to true virtue is found.

Ethical precepts in politics
Would at last gain proper resonance,
As the praises of virtue reward
Citizens struggling for excellence.

A well-ruled city's population
May include, as their rightful purview,
The key to enduring happiness
On the strong foundation of virtue!

Above even justice rules friendship,
A special kind of political glue,
That ties up the city with concord,
Always giving each what he's due.

Ισότητα μονάχα για τους ίσους,
όσοι μπορούν τα βάρη να κρατούν
της πόλεως που κυβερνούν πολίτες,
άρχοντες που στο νόμο πειθαρχούν.

Των πολιτών οι άριστοι μπορούνε
της αριστείας αμοιβή να βρουν,
στων ελευθέρων έπαινο που ξέρουν
τον εκλεκτό δεόντως να τιμούν.

Πολλούς Ελλάς γέννησε φιλοσόφους,
θρεμμένους με αλήθειας καρπό.
Αριστοτέλης πάλεψε, σαν γίγας,
να κάμει τον δικό του πιο καλό!

Equality is just for equals,
Only those who can carry the weight
Of citizenship in a country,
Where it is law that rules the state.

The best of the people can accept,
For their virtue, this simple reward,
Recognition from fellow free men,
Who will offer their highest regard.

Many great minds has Hellas produced
And nourished them with truth's ripened fruit.
Like a Titan, Aristotle endeavored
To exalt his philosophic pursuit!

Άσσος

Χαιρετισμός

"Χαίρε, Θεά Τρισεύγενη, του Δία θυγατέρα!
Απ' του Διός την κεφαλή ξεφύτρωσες μια μέρα,
ωσάν το γάργαρο νερό, που από βράχο βγήκε,
η Ποσειδώνια τρίαινα την ώρα που το βρήκε.

Απ' του Ολύμπου την κορφή πήδηξες, σα λαφίνα,
στην Άσσο λίγο στάθηκες, πριν φτάσεις στην Αθήνα.
Το Βράχο σου γλυκοφιλεί πρώτη του ήλιου ακτίνα
και η στερνή τον χαιρετάει πέρ' απ' τη Σαλαμίνα.

Κοκκινωπή και μελαψή, καλά ηλιοψημένη,
η πέτρα τούτη η σκληρή, η τρισευλογημένη,
που το Ναό σου χτίσανε στο πετροβούνι τούτο,
την Άσσο μας τη γέμισες με δόξα και με πλούτο.

Ο συνετός ο Εύβουλος (κι Ερμείας πιο πανούργος),
στον πετρωτό το θρόνο σου κάθισε, ως Λυκούργος.
Βάλανε νόμους ξακουστούς, που δόξασαν την πόλη,
την Άσσο την κατέστησαν Πέρσικο περιβόλι!

Δώρα πολλά σου φέρνουνε και το Ναό σου ραίνουν
με λίγο αίμα άγιο, που από γίδες παίρνουν.
Βόσκουν αυτές ολοχρονίς και χαίρονται το δάσος
της ήμερης βελανιδιάς, που δώρισες στην Άσσο.

Έχει τα φύλλα μαλακά και τον καρπό μεγάλο,
τέτοιο δεντρί ευλογητό στον κόσμο δεν είν' άλλο.
Για στήθος το παρθενικό, σαν ταιριαστό στολίδι,
στο ηλιοψημένο πρόσωπο και στο γραμμένο φρύδι,

από τριτάρικο τραγί κι από μια στέρφα γίδα,
τα πήρανε τα δέρματα και κάμαν την Αιγίδα!
Χαριτωμένη, μην ξεχνάς, την Άσσο, τη μοιραία!
Να τα δεχτείς τα δώρα της, πλούσια πανωραία!"

Assos

Greeting

"Hail beloved Goddess, daughter of Zeus thrice-blessed!
Out from his head you sprang, an aegis on your chest,
You gushed forth like water, powerful and strident,
From where Poseidon touched the rock with his trident.

Like a deer you leapt from Olympus' peak up there,
Stopping briefly at Assos, then in Athens fair.
Your regal Rock receives the morning sun's first kiss,
And its last rays greet you from far-off Salamis.

Sacred stones red and black, well-hardened by the sun
Were used to build your Temple, paralleled by none,
On the rocky mountain from which they were quarried,
Making Assos famous for its wealth and glory.

First Eubulus, then (the cleverer) Hermeias,
Sat on your stony throne, like wise old Lycurgus.
They gave laws as good as those of the great Spartan
Making Assos as fair as a Persian garden!

Many gifts they bring to you and a little blood
Taken from the holy goats that graze in the mud,
From which springs the grass they eat and the sacred grove
Of oak trees that you gave to Assos where they rove.

This kind of oak-tree has big acorns and soft leaves,
It's a wondrous gift that the Earth gladly receives,
Like a fitting blouse your virginal breast to grace,
And complement the eyebrows on your suntanned face.

To make your great Aegis, they used the shiny hide
Of a barren she-goat and a male full of pride!
Dear graceful Goddess, don't forget Assos fateful,
Accept the many gifts of this city grateful!"

Φιλόσοφος

Αριστοτέλης ο σοφός, με πλήθος μαθητάδες,
κάποτε διάβηκαν εδώ, τηρώντας τις νυφάδες!
Και διάλεξε την όμορφη και συνετή αντάμα,
την ανιψιά του Άρχοντα, αντίδωρο σε τάμα!

Σοφία με ευγένεια σμίξαν και γίναν ταίρι,
Τέτοιο καλό αντάμωμα κάτι καλό θα φέρει.
Ο γέροντας Νικόμαχος και όλο το Αιγαίο
με δώρα θα υποδεχτούν Νικόμαχο, το νέο!

Μα κείνος, ως Φιλόσοφος, ξεχωριστός θα μένει,
ο Νους του κοφτερός πολύ και δυο γυναίκες παίρνει!
Σαν το νερό στον ποταμό, ο χρόνος του κυλούσε,
κι ο Νους του, σαν το θηλυκό, ιδέες του γεννούσε.

Την κεφαλή του τη σοφή έστρεψε προς τη Δύση,
με περισσή την προσοχή Ήλιο να θεωρήσει!
Σαν ένα μήλο κόκκινο, το μόνο που είχε μείνει,
σε μια μηλίτσα θαλερή στου Κόσμου το καμίνι.

Θαυμάσιο το θέαμα, σαν Δούρειο τον Ίππο,
είναι κι η Γη καλή μηλιά, σ' επίγειο τον κήπο!
Άπλωσε το ραβδάκι του, σαν το βοσκό της Ίδας,
ο Άρχοντας του Σύμπαντος σαν σε λαιμό μιας γίδας!

Κι απ' της μηλίτσας το κλαρί, για έν' ακόμα βράδυ,
αργά-αργά κατέβασε τον Ήλιο μας στον Άδη!
Κάθισε στον ορίζοντα, σα να 'ταν ένας θρόνος
του Βασιλέα της Κνωσού, εκείνος Ταγός Μόνος!

Άρχων Πορφυρογέννητος, στα πορφυρά ντυμένος,
σαν Πάρις ομορφόπαιδο και πολυπαινεμένος!
Τον τελευταίο ασπασμό, πέρα από τη Θάσο,
έστειλε προς την Αθηνά, που μας φρουρεί την Άσσο.

Philosopher

Aristotle with his disciples by his side,
Once found themselves in Assos hunting for a bride.
He finally chose one both practical and fair,
The niece of the King and an answer to his prayer!

When wisdom is combined with one of noble birth
The outcome is expected to have uncommon worth.
Old Nicomachus and all of the Aegean
Welcomed new Nicomachus with a great paean!

But the philosopher would live a better life,
To sharpen up his mind he took a second wife!
Like running water, his time in Assos would pass,
New ideas springing from his fertile mind like grass.

His wisdom turned his head toward the distant West,
Where he watched the sun descend from its crest.
It seemed like an apple, alone in its redness,
Left on a leafy tree in the cosmic furnace.

The spectacle was wondrous, like the Trojan Horse,
The apple tree had the Earth's garden as its source!
And reaching out with his crook, like a shepherd does
To catch an errant goat, the Cosmic Ruler was

Pulling the branch of the apple tree down below,
Bringing the sun back to Hades, steady and slow!
Sitting on the horizon, as upon a throne,
The Sun, like the king of Knossos, ruled all alone!

He seemed like a Royal Prince all in purple dressed,
Handsome like Paris of Troy and praised to excess.
From the island of Thasos, holding his scepter,
He sends his kiss to Athena, Assos's protector!

Και όνομα της βγάλαμε, την είπαμε Ασσαία,
να ξεχωρίζει πιο καλά, από την Αθηναία.
Η νύχτα ξαπλωνότανε, σα γίδα πισωκέρα,
πολύ βελάνι που 'φαγε, και θέλει τον αγέρα!

Κοκκίνισε κι ο Ουρανός, στα δυτικά τα μέρη,
καλό σημάδι για σοφό, που να διαβάζει ξέρει.
Με το βαθύ το βλέμμα του, κοιτάζει προς τη Δύση:
Έσπερος νιος ανέτειλε, προτού ο Ήλιος δύσει!

Προσευχή

"Χαριτωμένη Αθηνά, Κόρη Γαλανομάτα,
ορθόστηθη, σαν πέρδικα, τα φρένα σου γεμάτα,
απ' της σοφίας τον καρπό! Το θείο τούτο δώρο
και στο θνητό τον άνθρωπο δώρισε δίχως όρο!

Της αρετής το στόλισμα, που τις ψυχές στολίζει,
χάρισε γενναιόδωρα, ζωή να την πλουτίζει.
Ο Νους μας να φωτίζεται, καρδιά να ημερεύει,
κι άλλο από της αρετής πλούτο να μη γυρεύει!

Κάμε πολλοί να σηκωθούν, σαν το σοφό Σωκράτη,
Απόστολοι της Αρετής σε πόλεις και σε κράτη.
Ωσάν το θείο Πλάτωνα, βαθιά να στοχαστούνε,
τα μυστικά του Σύμπαντος να διαλευκανθούνε!"

Έρως Σοφίας

Είπε και τη συνέλαβε, την καθαρή ιδέα:
"Πρώτον Κινούν Ακίνητον" κινεί ton Βασιλέα,
τον Ήλιο, τον πρωταθλητή, το δρόμο για να πάρει,
ν' αφήσει την Ανατολή, την άγκυρα να άρει!

Και σαν δρομέας δυνατός, πλεούμενο με κλίση,
ουράνιο τόξο να διαβεί και να σβηστεί στη Δύση.
Ένας ο κύκλος έκλεισε, άλλος ταχιά θ' ανοίξει,
κύκλος τα πάντα κυβερνά και τέλος δε θ' αγγίξει!

Calling her Assaia, a new name he fashions,
To distinguish her from the Goddess of Athens.
But the night was spreading out like a tired goat,
That ate too many acorns, suffering from bloat.

The Sky turned red also in its far western part,
A good omen for those who can read it by heart.
Looking with his deep gaze at her thin silhouette,
He sees Venus arise, before the Sun has set!

Prayer

"Graceful Athena, blue-eyed virgin bright and skilled
Your breast is firm like a bird's and your mind is filled
With the fruit of wisdom, precious gift of the gods!
Please give it to mortals too, lest they be at odds!

And the gift of virtue, which graces souls with worth,
Please give it freely to enrich our lives on the earth.
Enlighten our good minds, and let our hearts be tame,
So toward virtue's bounty our souls may always aim!

Make it so many men, like Socrates, will stand
As apostles of Virtue's all across the land.
May they think deeply and, like Plato, be deified,
So that the Cosmos' mysteries may be clarified!"

Philosophy

So he spoke and from his words this new thought would spring:
"The First and Unmoved Mover" also moves the King,
The Sun, like a champion, a good road to find,
To lift up his anchor and leave the East behind!

And, like a strong runner or ship by strong winds blessed,
He should cross the arc of the Heaven to reach the West.
One daily cycle ends, another will begin,
The cycle seems to rule over all without end.

Της Αθηνάς την κεφαλή και τα σγουρά μαλλιά της
χαϊδέψαν οι αχτίδες του, σαν γελαστά παιδιά της!
Ήλιου το φως ενώθηκε, με φως σοφίας θείας,
από την ένωση θα βγει Έρως φίλος Σοφίας!

Αριστοτέλη μαθητές, με αρετής στεφάνια,
θα στέψουν και θα υψωθεί ψηλά, προς τα Ουράνια!
Με της Σοφίας την πηγή ερωτευμένοι θα 'ναι,
Αθήνα την αφήσανε στην Άσσο για να πάνε!

Στις πέτρες τούτες κάθισαν κάμποσα καλοκαίρια,
το καλαμάρι κράτησαν εργατικά τα χέρια.
Και ιστορίες γράψανε, έργα Φιλοσοφίας.
Ύμνους Θεάς Αρχόντισσας, Ασσαίας της Κυρίας!

The head of Athena, with all her curly hair,
Is caressed by the Sun, like cheerful children there!
When the light of Sun with wisdom's light is joined,
A word for such love, philosophy, would be coined!

With the crown of virtue Aristotle was graced,
By his students and up towards Heaven he was raised!
They so loved the source of wisdom they would find,
They followed him to Assos, leaving Athens behind!

Among those stones they sat several seasons indeed
Writing with their pens until their hands would bleed.
History and philosophy, written clear and clean,
And hymns to Athena, good Assos' noble Queen!

Αλέξανδρος

Έρως μέγας Αλεξάνδρου
πώς τον έσπρωξε μ' ορμή,
πέρα από τις πύλες Πέλλας,
προς την Άπω Ανατολή!

Στο Βουκέφαλο καβάλα,
σαν Διόνυσος θεός,
άστραψε, σα νέο άστρο,
της Ολυμπιάδος γιος.

Φίλιππος τον καμαρώνει,
Έλληνες χειροκροτούν,
των Περσών οι σατραπείες
τρέμουν και παρακαλούν.

Αχιλλέας τον εμπνέει,
Όμηρος τον συγκινεί,
δόξα νίκης τον μεθάει,
σαν το γάλα το παιδί.

Δάσκαλος Αριστοτέλης,
Πλάτωνος ο μαθητής,
εραστής φιλοσοφίας,
θα γενεί εκπαιδευτής.

Πάλλεται με θείο πάθος,
νέος, δυνατός κι αψύς,
άριστο μες τους αρίστους,
αν το ψάξεις, θα τον βρεις.

Σαν πυρσό του Προμηθέα,
δάδα του Ελληνισμού
Αλεξάνδρου μέγα χέρι
θα την φέρει πανταχού.

Alexander

Alexander's immense passion
Would impel him, like a beast,
Far beyond the gates of Pella,
Toward the shining distant East!

Astride the great Bucephalus,
Like the god Dionysus,
He sparkled like a newborn star,
Favorite son of Olympus.

His father Phillip swelled with pride
And Hellenes applauded him,
As Persian Satraps trembled
Then knelt down to sing his hymn.

Inspired by great Achilles,
Enthused by Homeric verse,
He fed on victory's glory,
Like a child sucks from its nurse.

His teacher was Aristotle,
Plato's distinguished student,
Devoted lover of wisdom,
Both passionate and prudent.

With divine zeal he vibrated,
Impetuous, young, and strong,
He took his place among the best
Of the aristocratic throng.

Like Prometheus's fire
Hellenism's enduring flame,
By the hand of Alexander,
Was carried to worldwide fame.

Την Ευρώπη, την Ασία,
και τη μαύρη Αφρική
με το φως της θα γεμίσει,
σαν του Παρνασσού πηγή,

Που γεμίζει με νεράκι
κάθε κόρης το σταμνί,
βράδυ που 'ρχεται να πάρει
έρωτα κρυφό φιλί.

Αλεξάνδρεια θα σπείρει,
καθώς γεωργός σπορά,
σ' ένα όργωμα χωράφι,
οργωμένο με σειρά.

Των Περσών η Βασιλεία,
μπρος στου νέου την ορμή,
θα υποκλιθεί με δέος,
σαν παιδούλα παλλακή.

Είν' ακόρεστος ο πόθος
εξουσίας κοσμικής,
Μακεδόνων ανταρσία
θα γνωρίσει νικητής.

Πώς μπορεί να κάμει πίσω,
προτού Γης το τέλος βρει;
Ποιος μπορεί να του δαμάσει
την αδάμαστη ορμή;

Κόπωση, καταραμένη,
καταβάλει τη στρατιά,
Αλεξάνδρου του Μεγάλου
θα τα κόψει τα φτερά!

Μεθυσμένος από νέκταρ,
με της νίκης το κρασί,
φάνηκε πως ήταν ένα
Δία το στερνό παιδί!

Into Europe and much of Asia,
And Africa he would bring
Its lustrous light, overflowing,
Like a Parnassian spring,

Which generously repletes the
Maidens' empty water jugs,
When they arrive in the evening
To fetch secret kisses and hugs.

He planted Alexandrias,
Like a smart farmer sows his seeds,
In fertile and freshly tilled fields,
In straight rows without any weeds.

Even the Persian Empire,
As smooth and strong as a pearl,
Would prostrate itself before him,
Trembling like a bashful girl.

His desire for world power
Simply could not be sated,
Even his own men's rebellion
By the victor was tasted.

But how could he turn back around,
What kind of atrocity
Could keep him from reaching the end,
Could tame such ferocity?

In the end total exhaustion
Would finally beat his men,
The wings of Great Alexander
One fateful day would be trimmed.

The intoxicating nectar
Of victory's wine made him loose,
Bathed in glory he seemed to be
The last favorite child of Zeus.

Όπως ξαφνικά κατέβη,
έτσι κι έφυγε με μιας,
σαν της άνοιξης αηδόνι,
σαν ανθός αμυγδαλιάς.

Θείων όντων επισκέψεις
επί γης ολιγαρκείς,
συντελούνται και εκπνέουν,
πριν καλά-καλά τις δεις.

Μα τ' αχνάρια τους μεγάλα,
τις αχτίνες λαμπερές,
μας αφήνουνε σημάδια,
στις ευοίωνες στιγμές!

"Δία μέγιστε, Πατέρα
των ουράνιων θεών,
στείλε πιο συχνά σημάδι
απ' τα βάθη Ουρανών.

Κόσμος έχει πάλι χρεία
δόξας Αλεξανδρινής,
θείου κάλλους της Ελένης,
σκέψης φιλοσοφικής.

Αρμονία Παρθενώνα,
Σαλαμίνας ιαχή,
στον ορίζοντα να λάμπει,
στις καρδιές μας ν' αντηχεί.

Τον Πλανήτη να ενώσει
με αρμό της αρετής,
τη σφραγίδα να του δώσει
μιας γραφής Ελληνικής.

Λόγου μέτρο να μετρήσει
του ανθρώπου τη μορφή,
και τον ουρανό ν' αφήσει
στου Θεού την προσταγή.

But as quickly as he had come,
Just as fast he would turn and flee,
Like a nightingale in springtime,
Or blooms on the almond tree.

Divine things on this muddy Earth
Come and go like a summer swell,
They complete their mission and die,
Before you can see them well.

But their indelible imprints,
Like the sun's rays bright and potent,
Remain to give us direction
In the most auspicious moment!

"To Zeus we pray, Great Father
Of all immortal brethren,
Please send us signs more often
From deep within high Heaven.

The world again is in need of
Alexandrian thunder,
Like Helen's heavenly beauty,
And philosophical wonder.

The Parthenon's Harmony and
The echo of Salamis' cry,
Let them resound in our hearts and
Sparkle up high in the sky.

Let it unite the whole Planet,
With the bonds of virtue young,
And receive the enduring seal
Of the great Hellenic tongue.

Let reason become the measure
Of the form of all mankind,
And allow for the rule of Heaven
By the Gods to be designed.

Έλληνες με τους βαρβάρους,
στο χορό μαζί να μπουν,
με της αρετής το μέτρο
αθλητές να μετρηθούν.

Νέος κόσμος να προβάλει,
σαν τον ήλιο της αυγής,
Απολλώνιος ο ήχος
ν' ακουστεί μιας μουσικής.

Μέγας Έρως να συνδέσει,
σα μια σκάλα δυνατή,
σαν ουράνιο το τόξο,
Ουρανό και Γη μαζί!"

Let Barbarians and Hellenes
Enter the dance together,
To be assessed by their virtue,
As athletes do, forever.

Let a new universe emerge,
As the sun does at the dawn,
So Apollonian hymns may
Be heard again thereupon.

Let Great Love tie up together,
With a strong glowing halo,
Earth and Heaven, in a spectrum,
The colors of the rainbow!"

Δημοσθένης

Δημοκρατίας ο δεινός προστάτης
παντοίους τρόπους πάσκισε να βρει,
Αθήνας Δήμο να τον ανυψώσει
σε Ηγεμόνα ποθητό θρονί.

Της Γλώσσας λέξεις σύναξε, σαν ύλη
που τέκτονας χειρίζεται σοφά,
της Αθηνάς το άγαλμα να πλάσει,
του Παρθενώνα θεία τη θωριά.

Ο λόγος μάχης όπλο θενά γίνει,
όταν εκείνος γράφει και λαλεί,
του Δήμου η συνέλευση τριήρης,
ρήτορας το πηδάλιο κρατεί!

Η δύναμη του λόγου του μεγάλη,
και γράφοντας και λέγοντας μπορεί
Αθήνας την καρδιά να την πυρώσει,
μ’ αλήθειας φως ο νους να φωτιστεί.

Μακεδονίας μέγα τότε δέος
της Σπάρτης και της Θήβας την ισχύ
πολύ την υπερβαίνει και προβάλλει
σαν της Ελευθερίας απειλή.

Ελεύθερος να ζεις ή να πεθαίνεις,
του Δημοσθένη δίδαγμα λαμπρό,
για Δήμο της Αθήνας ψηφοφόρο,
Ελλάδος Ηγεμόνα μισητό!

Φάλαγγα Μακεδονική προβαίνει,
με λόγους πύρινους μόνος αυτός
το δρόμο της να φράξει θα τολμήσει,
ελευθερίας μαχητής στερνός.

Demosthenes

As a fierce protector of Democracy,
He would search below and above, all alone,
For ways to elevate his much-loved Athens
On to Hegemony's exalted throne.

He selected the best words of the language,
Like a sculptor seeks out the perfect stone,
To carve a statue of Athena the wise,
Or the temple they call her Parthenon.

He always used words like weapons of battle,
Whether in writing or offered in speech,
Through rhetoric he would guide his armada
Of warships safely up onto the beach!

The power of his language was very great,
Both in his speeches and when he would write,
It could inflame the many hearts of Athens,
Directing fervent minds toward the light.

Back then Macedonia's fearsome power
Was even greater than Sparta's and Thebes',
And it posed the most formidable challenge
To sweet Liberty's foundational needs.

You can choose to live your lives free or die,
That's the lesson that Demosthenes beamed
To the voters of Athens' daring Demos,
Her, then, much detested Hegemony!

Later, when the Macedonians arrived,
Only he, with his words full of fire,
Could forestall their harsh assault on liberty.
He was the last soldier to retire.

Πανέτοιμος το τίμημα πληρώνει
ελευθερίας πατρογονικής,
Σωκρατικό ποτό κι εκείνος πίνει
και του θανάτου βγήκε νικητής.

Την Περσική την Αυτοκρατορία
και Μακεδόνων τη διαδοχή
Ρώμη, σα φρούτο θερινό, θα δρέψει,
με σχήμα του σταυρού θα σταυρωθεί!

Θεοκρατία τότε θα προκύψει,
απρόσμενα και κάπως ξαφνικά,
Ελλάδας μεγαλεία περασμένα,
ελευθερίας είδωλα παλιά.

Του Δήμου κρατερή κυριαρχία,
σαν άρκτος πάλλευκη και πολική,
σε λήθαργο θα πέσει με του χρόνου
την άσωτη φορά, την κυκλική.

Αφύπνιση θα καρτερεί να φέρει
μιας Άνοιξης προάγγελμα ξανά,
του Δήμου την καρδιά να την θερμάνει
ρητορικού του λόγου πυρκαγιά.

Αν Νέος Δημοσθένης ξεπροβάλει
με δύναμη της Γλώσσας θα μπορεί
του λόγου πολυδαίδαλου και πάλι,
πασκίζοντας, την άκρη να την βρει.

Γραπτός, προφορικός, και παν' απ' όλα
λόγος ο ενδιάθετος καλεί
τον άνθρωπο πολίτης για να γίνει,
με μέτρο αρετής να μετρηθεί.

Με ρητορείας νάμα θα ποτίσει
Δημοκρατίας δέντρο θαλερό,
μέχρι να δει καλύτερο να δέσει
ελευθερίας τον γλυκό καρπό!

He would be more than ready to pay the price
For the freedom that he had been born with,
He too drank from the cup of Socrates,
And became a hero through untimely death.

But the Persians' fearsome Autocracy,
Macedonia, in time, would succeed,
Like summer fruit, Rome came to harvest them
But soon fell herself to the Christian creed.

The Theocracy that then would rise up
Put Hellenic glory in a bridle,
And in an instant their precious freedom
Was reduced to an ancient idol.

The Demos, once ruled by its own people,
Like the rare polar bear, soft and white,
Would fall again into hibernation,
Within the unending cycle of time.

He slumbers, always waiting for the sign
To arrive with the renewal of Spring,
Then the Demos's heart will be revived
By the fire only great words can bring.

If Demosthenes were somehow reborn,
He would, with his great linguistic power,
Reopen the wondrous labyrinth of words,
And renew humankind's finest hour.

Writing, oratory, and especially
The innate sense of reason now calls
Each person back to worthy citizenship,
To be bounded by virtue's strong walls.

Irrigated by rhetoric's flowing river,
The young tree of democracy thrives,
And in time will grow strong enough to bear
Freedom's fruit and her sweet buzzing hives!

Θεοκρατία θα παραμονεύει,
σα σκύλα που φυλάει νεογνά,
το βάρβαρο να δείξει πρόσωπό της,
σε μια του Δήμου παρατιμονιά.

Ο κύκλος της διαδοχής φαντάζει
σαν φαύλος μαστροπός, καραδοκεί,
το χρόνο στις Κυρίες τον μοιράζει
άνισα και την άλλη προτιμάει.

Αιώνες δίνονται στην Μοναρχία,
Θεοκρατίας σχήμα που φορεί,
Δημοκρατία πάντα περιμένει
χορτάκια λιγοστά να ποριστεί.

But Theocracy's always waiting in ambush,
Like a bitch fiercely guarding her young,
And her barbarous face she will reveal
To any Demos that ever steers wrong.

And so the cycle of succession appears
Like a vicious pimp lying in wait,
To offer his favor dishonestly
To whichever whore bites on his bait.

To Monarchy whole eons have been given,
And to Theocracy, Monarchy's twin,
While Democracy stands patiently waiting,
Thankful just to get one full year in!

III
Μετασωκρατικοί
Postsocratics

Επίκουρος

Ατομικής της θεωρίας δόξα,
Δημόκριτος μοιράστηκε με φίλο,
Επίκουρο, του Κήπου τον Σχολάρχη,
προτού παραδοθεί στους Ευρωπαίους.

Ατόμων φύση, θεωρίας βάση,
αόρατα και στερεά συνάμα,
γένεση και φθορά δε θα γνωρίσουν,
μικρότατα δομούν σύμπαντα Κόσμο.

Ένας, μοναδικός δεν είναι Κόσμος,
από θεούς ή δαίμονες πλασμένος,
αυτοφυής, σαν μέγα μανιτάρι,
στο πρώτο πρωτοβρόχι φθινοπώρου!

Μυριάδες ήλιοι, σαν και τον δικό μας,
θερμαίνουν άλλες γαίες που γεννάνε
των όντων την ποικίλη πανσπερμία,
το φάσμα το θαυμάσιο του Κόσμου.

Άτομα και κενόν αρχές των όντων,
απέραντο το πλήθος των ατόμων,
ευθυπορούν στο αχανές το Χάος,
χωρίς αντίσταση να συναντάνε.

Εκτός αν παρεκκλίνουν της πορείας,
συγκρούονται, συμπλέκονται, συμπίπτουν,
δημιουργώντας εξ ανάγκης Κόσμο,
θνητά και θεία τον γεμίζουν όντα.

Ανάμεσα στα άλλα ξεχωρίζει
Άνθρωπος, με τον λόγο προικισμένος,
βγάζει φωνή και νόημα τους δίνει,
ονοματίζει σύνολα των όντων.

Epicurus

The glory of the great atomic theory
Democritus must divide with his good friend
Epicurus, schoolmaster of the Garden,
Although it was sent to Europe in the end.

The nature of atoms, base of the theory,
Was to be both solid and invisible,
The smallest building blocks of the whole Cosmos,
Un-generated and indestructible.

But single and unique the Cosmos is not,
It's created neither by god nor demon.
Instead, it self-generates, like a mushroom
That pops up in the autumn's rainy season!

A myriad of suns, like our own earth's sun,
Give their warmth to other earths, which generate
The many seeds of all the different creatures
That inhabit this Cosmos we venerate

Atoms and void are the basic principles,
With an infinite number in existence.
The atoms fall straight down through the endless void,
Without encountering any resistance.

Unless, somehow they swerve away from their course,
Falling together, weaving and colliding,
They create a Cosmos from necessity,
Filled up with both mortal and immortal beings.

Among all these creatures, one stands out alone,
Humanity, endowed with noble reason,
Gifted with the mind and voice to name others,
Able to find meaning in every season

Ρωτήματα ρωτά και συλλογιέται,
αρχή και τέλος θέλει να γνωρίσει,
της ηδονής τη γλύκα, πόνου πίκρα,
με στίχο ποιητής να τραγουδήσει!

Άτομα δεν ακούν, δε συγκινούνται,
ούτε θεοί καλότυχοι προσέχουν,
τι γίνεται στης Γης τα κάτω μέρη,
αυτάρκεια ζωής δικός τους κλήρος.

Τίποτε δεν τους λείπει για την ώρα,
παρόμοια και των θνητών η πείρα,
ευδαιμονίας το ποιόν ουδόλως
μειώνεται στο πέρασμα του χρόνου.

Ο Κήπος κείτεται ερειπωμένος!
Μα κάποτε καλά εκεί κρατούσε
χορός ανδρών και της σοφίας φίλων,
φιλίας αρετή καλλιεργούσε.

Κάποτε, σαν ερείπια και Κόσμος
θενά φανεί, καλός, μεγαλειώδης.
Μα πάλι του σοφού καρδιά δεν κλαίει,
νέος ξανά να γεννηθεί προσμένει!

Only he asks questions as he thinks things through,
Wanting to understand beginnings and ends,
The sweetness of pleasure, bitterness of pain,
And in poetry to sing of them with friends!

But atoms can't listen, they can't even feel,
Nor do the fortunate gods take any care
Of what is going on down below on Earth,
They are living self-sufficient lives up there.

Gods lack nothing, at least for the time being,
Mortals can feel the same way, if they're clever,
Happiness does not lose any of its worth
Just because pleasure cannot last forever.

The lush Garden now languishes in ruins!
But once it was well-kept by educated
Groups of thinking men, faithful friends of wisdom,
And loving virtue there was cultivated.

Someday the Cosmos also will be ruins,
Though it seems good, even majestic to men.
But the hearts of wise men, like Epicurus,
Don't cry, they just wait for its rebirth again!

Κλεάνθης

Οργανικό, χωρίς κενά, τον Κόσμο
θεώρησαν Στοάς φιλοσοφούντες,
σαν έμβρυο σε κόλπο μίας μήτρας,
στο αχανές να φέρεται το Χάος!

Ο Λόγος ο σπερματικός την ύλη
την δένει με ποιότητας τα είδη,
στοιχεία πλάθει με σοφίας τέχνη,
σύντονα, συνεργά, ζωής τη βάση.

Δομείται και διέπεται συνόλου
η σύσταση από τον θείο Λόγο,
έμπειρο, δυνατό, και ζωογόνο,
προς τελική εκπύρωση κινείται.

Ως φοίνιξ απ' την τέφρα του γεννάται,
πορεύεται με τακτική πορεία,
σαν πόλη ευνομούμενη με νόμο,
από σοφίας θείας νομοθέτη!

Του κοσμικού του Λόγου τέκνο νόμος,
την πολιτεία πρώτος καθορίζει,
μικρόκοσμος ο κάθε της πολίτης,
που ζει αρμονισμένος με το Σύμπαν.

Καθήκον και κατόρθωμα μεγάλο,
της αρετής να πορευτεί τον δρόμο,
το χρέος του στη μνήμη συγκρατώντας
και πολεμώντας ηδονής το τέρας!

Άνθη περικαλλή για τον Κλεάνθη,
της Στωικής Σχολής έξοχο μέλος,
στεφάνι να πλεχτεί που θα κοσμήσει
την κεφαλή του νέου φιλοσόφου.

Cleanthes

The Stoic philosophers saw the Cosmos
As organic and whole, without any gaps,
Like an embryo inside a fertile womb,
That moves in vast Void without any lapse!

The seminal Logos binds the world's matter
Together with the quality-giving forms,
Producing elements with skill and wisdom,
The harmonious stage where life performs.

The composition of the whole is guided
By Divine Logos, source of its formation.
Experienced, powerful, and life-giving,
It moves toward the ultimate conflagration.

Like phoenix from its ashes, it rises
Progressing down its pathway with precision,
Like a city that is by law well-governed,
With a divine legislator's good wisdom!

Law, the cosmic Logos's good progeny,
Begins by establishing a city first,
Where each citizen is a microcosm,
Living in harmony with the Universe.

Duty combined with great accomplishment
Will guide him on the road to virtue's treasure,
Always keeping his debts in his memory
And fighting off the monster known as pleasure!

For Cleanthes, outstanding Stoic scholar,
May the most beautiful of flowers be shorn
And woven together into a fine crown,
The head of the philosopher to adorn.

Ένας, μοναδικός για κείνον Κόσμος,
στο αχανές το Χάος δομημένος,
με Λόγου μέτρα καλά μετρημένος,
με του πυρός τη φλόγα καθαρμέ να!

Τα πάντα ρέει, παλιάς σοφίας δόγμα,
και Κόσμος αενάως συγκινείται,
με κύκλου τη φορά φέρεται μόνος,
αρχή και τέλος δένοντας μονίμως.

Των πάντων ανακύκλωση δεμένη
στης Ειμαρμένης άτροπο το άρμα,
καλεί και τον σοφό να πάρει θέση,
σαν Ηρακλής, στης αρετής το δράμα!

For him, the Cosmos is single and unique,
And vast Chaos by good Reason dignified,
Being properly measured and constructed
And by fire ultimately purified!

Everything flows, says an ancient doctrine wise,
And the whole Cosmos moves forever in kind,
Carried alone within the cycle of time,
Beginning and end permanently combined.

The recycling of everything is harnessed
To the unrelenting chariot of Fate,
And it commands the wise man, like Hercules,
In virtue's drama to carry his own weight!

Αρχιμήδης

Του Αρχιμήδη μέγας νους καλά θα θεωρήσει
της Φύσεως μυστήρια, ‘εύρηκα’ θα φωνήσεις!

Ώσπου σπαθί βαρβαρικό κεφάλι θα θερίσει,
της Επιστήμης πρόσωπο, θα το παραποιήσει.

Είδους ιδίου δίδυμοι εκπρόσωποι φαντάζουν,
την Άβυσσο με διάφορο βλέμμα καλά κοιτάζουν!

Ο ένας με τη δύναμη των αριθμών πασκίζει,
τάξη να βάλει μυστική, κόσμο τον συντονίζει.

Ο άλλος με τη σπάθα του κόσμο καλό χαλάει,
και με χαρά παράφορη στην Άβυσσο πηδάει!

Περίεργα και τολμηρά Φύσεως έργα θεία,
θαυμάσιο το θέαμα, σαν θεία κωμωδία!

Άνοδος με την κάθοδο πιασμένες χέρι-χέρι,
σαν πεταλούδες παίζουνε, σαν εραστών το ταίρι!

Τ’ αντίθετα συνδέονται σε κύκλο ενιαίο,
σαν αύρες με τα κύματα, στο γαλανό Αιγαίο.

Archimedes

The great mind of Archimedes examined what he doubted,
Nature's mysteries he pondered and 'eureka' he shouted!

But when a barbarian's sword came to cut off his thinking head,
The Knowledge of his intellect was destroyed instead.

The two men both represented the very same human race,
Though with different sorts of gazes, the same abyss they'd face.

The first with the unlimited power of numbers would try
To impose their mystic order, the whole world to organize.

The same world the other with his sword was seeking to destroy,
To jump into the dark abyss blindfolded and full of joy!

Curious and audacious are the divine works of nature,
The spectacle amazed him like a heavenly adventure!

The ascent and descent, he saw move together hand in hand,
Playing like butterflies or lovers frolicking on the sand!

In a never-ending circle, the opposites would connect,
Like the refreshing breezes that the Aegean waves collect.

Γαληνός

Ούτε βραχύτητα ζωής, ούτε της τέχνης μάκρος,
του Γαληνού στομώσανε τη δίψα για τη γνώση.
Τον Ιπποκράτη, τον κλεινό ιατρικής πατέρα,
μιμήθηκε και πάσκισε να βρει πηγή της τέχνης.

Ασκληπιός, Απόλλωνας, Δίας ο παντοκράτωρ,
την τέχνη την ιατρική δωρίσανε με δέος
στη Γη, τροφέα ζωντανών και των θνητών ανθρώπων,
αρρώστιας μαύρα θύματα και συμφοράς συντρόφους.

Πολλά βιβλία διάβασε κι έγραψε κι άλλα τόσα,
την πείρα πήρε οδηγό, το μάτι του γαρίδα,
συμπτώματα παρατηρεί συμπέρασμα να βγάλει,
διάγνωση και πρόγνωση γιατρός να διακρίνει.

Σοφές θα δώσει συμβουλές στους νέους που ποθούνε
τέχνη την θεραπευτική, σαν ερωμένη κόρη,
και σπαταλούνε στη σπουδή την ακριβή τους νιότη,
να βρουν αρρώστιας γιατρικό, παρηγοριά του πόνου.

Γι' αυτόν ο άριστος γιατρός είναι μαζί και γνώστης
πολλών ανθρώπινων παθών, που την ψυχή παιδεύουν
και πρέπει να καθαριστούν με αρετής καυστήρα,
που τον κρατούν τα καθαρά τα χέρια του Σωκράτη.

Αν ιατρός φιλόσοφος αναδειχτεί στο τέλος,
μακαριστός ο άνθρωπος, μακάριοι κι γονείς του,
καλότυχο των ασθενών το πλήθος που θα φτάσει
να του ζητήσει συνταγή και τ' άλλα γιατροσόφια!

"Υγεία ροδομάγουλη, παρθενική μας Κόρη,
πάρε της Γαίας βότανα, της αρετής τα δώρα,
δώσε στο σώμα δύναμη και στην ψυχή την τόλμη
με θάνατο, σαν μ' έρωτα, μια μέρα να παλέψει."

Galen

Neither shortness of life, nor the length of the art,
Discouraged Galen's great hunger to understand.
Like old Hippocrates, father of Medicine,
His knowledge of his art forever would expand.

Asclepius, Apollo, and Zeus, the father,
The art of healing to Mother Gaia would lend,
To sustain all creatures including mortal man,
Victim of dark disease and misery's close friend.

Galen read many books and wrote many others,
With open eyes and experience as his guide,
Observing the symptoms to reach his conclusions,
The best diagnosis and prognosis to find.

He wisely advised aspiring youth to treat
Medicine like a love that they want to sustain,
To sacrifice their precious youth to their studies,
In search of ways and means to alleviate pain.

He said the best doctor is a philosopher,
Familiar with the passions that burden the soul
And are in need of cleansing by means of virtue,
The tool that old Socrates's pure hands would hold.

If the doctor can become a philosopher,
Blessed will be the man as well as his parents,
Fortunate too will be the suffering patients.
Who benefit from his herbs or just his presence

"O, Health with the rosy cheeks, you virginal girl,
Take the herbs from earth and virtue from above,
Give power to the body and strength to Soul,
To wrestle with grim Death, as she wrestled with love!"

Πλωτίνος

Στης Αιγύπτου το Νείλο γεννήθηκε
και διψούσε για νάμα σοφίας,
μ' Αμμωνίου τη θεία παραίνεση,
Πλάτωνος θα γευτεί της παιδείας!

Κρυφός πόθος σ' Ινδία τον πήγαινε,
για του Γάγγη πηγές ψυχωμένες,
του πολέμου τη μοίρα την γνώρισε,
και θνητών συμφορές μοιρασμένες.

Εις της Ρώμης την πόλη κατέληξε,
μαθητών θείος κύκλος αυξάνει,
επιμέλειας πρωτοπαλίκαρο,
ο Πορφύριος Τύρου τυγχάνει.

Με του Πλάτωνος θείο παράδειγμα,
θεωρούσε τον σύμπαντα Κόσμο,
και του Νου διακρίνει καλλώπισμα,
ερωμένης Ψυχής άλλον κόσμο!

Λόγου θεία δεσμά το συνέχουνε,
με δυνάμεις Ψυχής το δεμένο,
σύνολο κοσμικό θείας Φύσεως,
Αθηνάς ως ναό καμωμένο!

Αιωνίας Ψυχής θεία νήματα,
την κρατούν από κει 'ξαρτημένη,
θείο κέντρο του Νου σταθερότατο,
δύναμη του Ενός παραμένει.

Αενάως εκείνη προσφέρεται,
σαν πηγή δυνατή των Χαρίτων,
Υποστάσεων θείων κρηπίδωμα,
συναφή μυστηρίων αρρήτων.

Plotinus

Born in Egypt on the banks of the Nile,
And thirsting to drink from true wisdom's source,
Through old Ammonius' careful tuition,
He followed the ancient Platonic course!

Going to India was his desire,
To witness the Ganges' living springs there,
For he understood the war's bitter fortune,
And the sufferings that all mortals share.

But he ended up in the city of Rome,
A circle of students there to acquire,
And the best among them would turn out to be
Porphyry of the great city of Tyre.

Following Plato's soaring example,
The universe he tried to discover
And he discerned the awesome beauty of Nous,
To which the Soul would turn like a lover!

The enduring bonds of the Logos divine
Are woven up with the powers of Soul
To construct, like the temple of Athena,
Nature's totality, the cosmic whole.

The divine threads of the eternal Spirit
Keep it connected, always dependent,
Upon the unchanging center of Nous, and
Through it to the One, strong and transcendent.

This All-Soul eternally offers itself,
As the basis of the Hypostases,
Like the powerful spring of the Graces,
Or the bond of ineffable mysteries.

Άνθρωπος, ο μικρόκοσμος, είκασμα
του μεγάλου του Κόσμου φαντάζει,
πολλαπλός και ποικίλος τα έξωθεν,
στα εντός της ψυχής του μονάζει!

Αρετής εργαλείο πανίσχυρο,
της ψυχής όμματα καθαρίζει,
προς το φως νοερά κατευθύνεται,
και το κάλλος Ενός την ξενίζει.

Άλλους άσε να γράφουν εικάσματα
των ειδώλων, μορφές τεχνημένων,
γίνε συ ο τεχνίτης των ένδοθεν,
με χορδές θείας Μούσας πλεγμένων!

Mankind appears as a microcosm,
Reflecting the greater Cosmos around him,
Varied and multiple on the outside,
But unified by the soul from within!

Virtue becomes his most powerful tool,
Helping the eyes of his soul to see clearly,
And turning them toward the noetic light,
By the One's beauty to be welcomed dearly.

Leave others to write of vague speculations,
Of idols fashioned with technical skill,
Instead be the artist of your own true self,
With the Muse's divine spirit instilled!

Πορφύριος

Σωκράτης βρήκε Πλάτωνα, Πορφύριο Πλωτίνος,
και Κυρτωναίος ο Λοκρός της Αθηνάς το δώρο.
Ως μαθητές, μ' έργα καλά θα τους αθανατίσουν!

Σαν τον Σωκράτη παλαιά, πολύπειρος Πλωτίνος
τα γράμματα δεν τ' αγαπά, με λόγους μόνο θέλει
τον έρωτα μες στις ψυχές των μαθητών ν' ανάψει.

Έρως σοφίας τους δονεί και φέρνει προς τα πάνω
το νου τους τον ταχύτατο, σαν θεϊκό γεράκι,
κι από το στόμα τους πολύς σα μέλι ρέει λόγος!

Θέλουν με λόγους και πνοή την αρετή να σπείρουν
μες στις ψυχές των μαθητών, σα γεωργός το σπόρο,
στον εύφορο της γης αγρό, καλά τον οργωμένο.

Σωκράτης πρώτος πέτυχε, σαν εύρημα την βρήκε,
ψυχή του θείου Πλάτωνος, την όντως πτερωμένη,
που διαλόγους κάλλιστους έπλασε να ξεσκάσει.

Πλωτίνος καλοτάξιδος την Αίγυπτο θ' αφήσει,
καλή την Αλεξάνδρεια, να πάει στην Ινδία.
Με των θεών το θέλημα, θα μεταβεί στη Ρώμη.

Εκεί στη Ρώμη θα φανεί, για γνώση διψασμένος,
Πορφύριος ο Τύριος, νιος εραστής σοφίας,
και του Δασκάλου προσοχή πρώτος την προσελκύει.

Πολλά καλά ρωτήματα του βάζει και διαβάζει
τα πάντα, όσα γράφτηκαν από σοφούς Ελλάδος,
και της γραφής τη δύναμη διδάσκει στον Πλωτίνο!

Με τον καιρό γεννήθηκαν καλές τους *Εννεάδες*,
γεμάτες με πολύχρονη, Πλατωνική σοφία,
που τις ψυχές, σα μάγισσα, γνωρίζει να μαγεύει!

Porphyry

Socrates found Plato, Plotinus Porphyry,
And for the Lokrian, Athena's gift was the key,
By their students' work immortalized they would be!

Experienced Plotinus, like Socrates of old,
Didn't much like letters, instead with words alone
He inspired love within each student's soul.

Erotic love of wisdom carries high above
Their rapid minds soaring like a hawk or dove,
And words flow from their mouths, honey-sweet with love.

With their words and spirit, virtue they will sow
In their student's souls for, as the farmers know,
In fertile fields prepared, good things always grow.

Socrates was first to be the lucky guy,
Finding Plato's soul already poised to fly,
His dialogues made sure his teacher wouldn't die.

In India's direction Plotinus would roam,
From Alexandria, his Egyptian home,
But the will of gods would send him on to Rome.

At his school in Rome a youth would inquire
Thirsting after wisdom, Porphyry of Tyre,
Whom the Master came quickly to admire.

His deep probing questions never seemed to cease,
He read everything by the old sages of Greece,
And writing's power to Plotinus he would teach!

In time, the *Enneads* were born scroll by scroll,
The ancient Platonic wisdom to extol
Which, like a charmer, knows how to charm the soul!

Πλωτίνο θα διαδεχτεί, Σχολάρχης στη Σχολή του,
με τη Μαρκέλλα θα δεθεί, με τα δεσμά φιλίας,
στο έργο του, σα μαχητής, θα δώσει τη ζωή του.

Καταφρονεί τους Χριστιανούς, τον Ιησού τιμάει,
απ' όλους τους παράτολμους τον Παύλο πολεμάει,
τον αποστάτη παλαιάς των Ιουδαίων πίστης.

Μια νέα πίστη σκάρωσε γεμάτη παρηγόρια,
για του Μεσσία έλευση, της σάρκωσης τα πάθη,
την εκ νεκρών ανάσταση κι ελπίδα σωτηρίας!

Με τα θερμά τα λόγια του τους Έλληνες προτρέπει,
να παραμείνουν σταθεροί στα πατρικά τους ήθη,
θεούς πατρώους να τιμούν, την αρετή να δρέπουν.

Γραικοί, Ρωμαίοι δεν ακούν με προσοχή στραμμένη
αλλού, σαν τα μικρά παιδιά που τα πλανεύει πλάνος,
ο γυρολόγος με γλυκές, ψεύτικες καραμέλες!

Μεγάλες άναψαν φωτιές να κάψουν τα βιβλία,
Πορφύριου του συνετού και φιλοσόφων άλλων,
Ελλήνων που προτίμησαν της αρετής το δρόμο.

Σκότος το φως θα καταπιεί στης Οικουμένης τόπο,
πιο σκοτεινός Μεσαίωνας πολύ θα διαρκέσει,
ώσπου της Αναγέννησης ο κούκος να λαλήσει!

Ο Πλήθων, ο Πλατωνικός, με πάθος και με γνώση,
εκεί όπου τον άφησε Πορφύριος τον μίτο,
θα πιάσει, την Πλατωνική σοφία ν' αναστήσει.

Μέγας αγώνας του φωτός με το βαθύ σκοτάδι,
αργοπατεί, πορεύεται της Λευτεριάς το άρμα,
με δυσκολία στο μακρύ της ανηφόρας δρόμο.

Εμπρός κάνει δυο βήματα, μα κάνει κι ένα πίσω,
η κάθοδος την άνοδο τραβάει προς τα κάτω,
βαρύτητα την πρόοδο πολύ την αντικόβει.

He headed up the school when challenges were rife,
Cherishing Marcella even more than a wife,
But, like a soldier, to his work he gave his life.

Though he praised Jesus, with Christians he would brawl
And, of those audacious, he would target Paul,
The Jewish apostate, the worst of them all.

Paul laid out a new faith full of consolation,
Around the incarnate Messiah's great passion,
Whose resurrection brought hope of salvation!

Porphyry warmly urged Hellenes not to leap,
But steady in their own traditions to keep,
To honor ancient gods, virtue thus to reap.

But the Greco-Romans did not listen well,
They had been distracted, like children, by the yell
Of a nearby peddler with fake candy to sell!

The bonfire's flames their great books would enfold,
Porphyry's and other philosophers' of old,
Greeks who had dared to choose virtue's uphill road.

In the civilized world, darkness swallowed light,
And the dark ages dragged like an endless night,
'Till the cuckoo sounded the Renaissance bright!

Pletho, the Platonist with knowledge and drive,
To pick up where Porphyry left off would arrive,
The gift of Platonic wisdom to revive.

The great fight between the darkness and the light
Dragged on, slowly pulling with all of its might,
Freedom up the long ascent out of the night.

It makes two steps forward, then one back again,
The will to climb always is opposed for men,
Gravity keeps pulling them back to where they've been.

Μούσα Φιλοσοφούσα

Ο Κυρτωναίος ποιητής, σαν εραστής σοφίας,
πορεύεται μονάχος του, ζητεί συμπαραστάτη,
σαν δωρεά της Αθηνάς βρήκε καλή τη Μούσα!

Θεία πηγή της έμπνευσης με πάθος τον γεμίζει,
το πάθος κάλλος γίνεται ποιητικά πλασμένο,
με της σοφίας τον αρμό το συναρμονισμένο!

Ευλογητή και τιμητή Ελλήνων θεία γλώσσα,
τον άνθρωπο τον σήκωσε από τα ζώα πάνω,
και συνετά τον έφερε προς των θεών τον οίκο!

The Kyrtonian poet found himself adrift,
Moving all alone and looking for a lift,
Then his muse arrived, wise Athena's gift!

For him she's the source of inspiration blessed,
Which he turns to beauty, poetically expressed,
Harmony of rhythm with wisdom possessed!

Blessed and honored is the Greek language fine,
Above the animals it lifted up mankind,
Wisely bringing them toward palaces divine!

Υπατία

Φυλής της πατρογονικής η ρίζα
γερή, την Υπατία που γεννά,
πνεύμα Πλατωνικό το ποτισμένο
με της σοφίας γάργαρα νερά!

Των αριθμών μυστήρια γραμμένα,
σχημάτων γεωμετρικών σειρά,
ο θηλυκός ο νους τα διακρίνει,
τα θεωρεί, τα πλέκει, τα μετρά.

Σώμα τ' αθλητικό καλογραμμένο,
κάλλιστο κάλυμμα καλής ψυχής,
λόγος γερά κρατεί τα πάθη πάντα
στο πλέγμα μιας ζωής αρμονικής.

Τον θαυμασμό των μαθητών εγείρει
το κάλλος της γυναίκας της σοφής,
σοφίας εραστές όλους τους δείχνει,
εργάτες δυνατούς της αρετής!

Ως Κλεοπάτρα, ευειδής η κόρη,
εύστροφη, ευφυής, ειρωνική,
με της σοφίας κάλλιστα εκείνη
τα μέτρα δύναται να μετρηθεί.

Σωκρατικό το κώνειο φαντάζει
μικρό παιχνίδι μοίρας τραγικής,
αν συγκριθεί με το δικό της δράμα,
μανία πλήθους κι άνομης οργής.

Φάρος της Αλεξάνδρειας που φέγγει,
πλοίων και ναυαγών συνοδηγός,
θα σκοτιστεί πολύ, όταν εκλείψει
του πνεύματος της Υπατίας φως!

Hypatia

Strong is the root of the family tree,
Counting Hypatia among its offspring,
By Neoplatonic spirit nourished,
Refreshed by the water wisdom will bring!

The written mysteries of the numbers,
And the geometric figures' treasure
Her feminine mind would deftly discern,
Contemplate, weave, and carefully measure.

Her finely-shaped and athletic body,
Harbored an even more beautiful soul,
A harmonious life, filled with passions,
But by logos's strength always controlled.

This wise woman's uncommon beauty
Would in her students create admiration,
Turning them all into lovers of wisdom,
Laboring for virtue's exaltation!

As attractive as the queen Cleopatra,
A quick-witted and versatile treasure,
Her kind of intelligent beauty is
Only by the scale of wisdom measured.

The tragedy of Socrates's hemlock
Seems like an innocent children's game,
When compared with her violent murder
By a wrathful mob, cruel and insane.

Alexandria's great shining lighthouse
Guided both ships and lost sailors with light.
But it dimmed the day the luminous spirit
Of fair Hypatia was lost to the night.

Ακόρεστου φανατισμού το θύμα,
αθώα σαν αγνή περιστερά,
προμήνυμα θα γίνει πολλών άλλων,
πίστης τυφλής στην άστατη φορά.

Αφήνοντας τα γήινα ξοπίσω,
ελεύθερος ο νους κι ερωτικός,
υψιπετής θα γίνει φτερωμένος,
σαν του Διός πελώριος αετός.

Με τη χορεία των σοφών θα στήσει
χορό πανήχιο και μυστικό,
ανάλαφρος από της ύλης βάρος,
σ' αθανασίας οίκημα καλό!

Victim of insatiable fanatics,
As innocent as a snow white dove,
Her death will be the prelude to many
Of blind faith's tragedies waiting to come.

But leaving its earthly burdens behind,
The erotic mind will again be set loose,
To fly high on the wings that it has grown,
Like the soaring eagle of Father Zeus.

And with other wise souls as a chorus,
Dancing secretly in light's clarity,
Mind escapes the heavy bonds of matter,
Inside the house of immortality!

Πρόκλος

Πρόκλος, απαρηγόρητος στην Πόλη της Παλλάδος,
περιπατεί, πορεύεται και προσπαθεί να πάει
στον Παρθενώνα τον καλό την προσευχή να κάμει,
με μία πίκρα στην καρδιά, με δάκρυα στα μάτια.

Βρήκε την πύλη σφαλιστή και τη Θεά φευγάτη!
Σκότος τον Βράχο τύλιγε, κι ας ήταν μεσημέρι,
της Πόλης ερημώθηκαν τα κεντρικά δρομάκια,
και στα σοκάκια λιγοστές τις σιλουέτες βλέπει.

Στην Πόλη, τη λαλίστατη, παράταιρα σωπαίνουν
Ελλήνων θείες κεφαλές και των ρητόρων γλώσσες,
που κάποτε παλεύανε σαν παλαιστές παλαίστρας,
το ποιος θα πάρει έπαινο πλήθους εκπαιδευμένου.

Η Πόλη βαρβαρώθηκε στις έσχατες ημέρες,
οι Χριστιανοί κυριαρχούν με το Σταυρό στο χέρι,
και θα τον κάμουν σύμβολο της Αυτοκρατορίας.
Θεούς πατρώους ξέχασαν για νέας πίστης τάμα!

Πήρε το δρόμο γυρισμού στο φτωχικό καλύβι,
ο φιλικός φιλόσοφος και της σχολής Σχολάρχης,
που μελετά τον Πλάτωνα σε βάθος και συγγράφει
σχόλια περισπούδαστα, στοιχεία στοχασμένα.

Ο κόπος καταπόνησε το γέρικό του σώμα,
που φλόγιζε φλόγα ψυχής και φώτιζε το νου του.
Κι ως έγειρε ν' αναπαυτεί, λίγο να πάρει ύπνο,
είδε το φάσμα της Θεάς επίσκεψη να κάνει:

"Φιλόσοφε Πλατωνικέ κι αγαπημένε φίλε,
σε είδα που ανέβαινες Ακρόπολης το δρόμο,
μονάχος με τον πόνο σου για το κατάντημά της,
κι ήρθα εδώ, στον ύπνο σου να σε παρηγορήσω.

Proclus

Proclus, inconsolable in Pallas' city,
Headed out on foot to do his solemn bidding,
Slowly he climbed up the Parthenon's rocky rise
With bitterness in his heart and tears in his eyes.

He found the gate locked and the Goddess absconded!
Though it was midday, in darkness she was shrouded.
The City had been deserted for many days,
Leaving just a few silhouettes in alleyways.

In the town of chatter, silence wasn't fitting,
For the Hellenic heads with minds unremitting,
Nor for the aggressive tongues of the orators,
Fighting like wrestlers to win over spectators.

The City turned barbarous in its final days,
Christians with the Cross in hand came to dominate,
And made it the Empire's sign, explaining how
Native gods were forgotten with the new faith's vow!

Proclus made his way back home feeling like a fool.
A good philosopher and leader of his school,
He studied Plato deeply then wrote with pathos
Profound commentaries, full of thought and ethos.

But the stressful work caused his aging body pain
Though his mind glowed brightly from his soul's burning flame.
And when he laid down to take a nap on that day,
He saw the Goddess' specter visiting to say:

"Good Platonic philosopher, dear friend of mine,
I saw you on the steep Acropolis hill climb,
Seeking to ease your pain, my company to keep,
And so I came to comfort you here in your sleep.

Τον Πλάτωνα να μελετάς, με προσοχή να γράφεις
για τις Ενάδες, νοερές κόρες του Νου κι ανταύγειες,
απορροές εκ του Ενός, τις μυστικά δεμένες
με κάλλος απερίγραπτο, για των θνητών τη φύση!

Άπειρο πλήθος αριθμών από Μονάδας μήτρα
ξεχύνεται, σαν ποταμός από πηγή του βράχου,
ισομερώς χωρίζεται σε περιττούς κι αρτίους,
κι όταν τετραγωνίζεται, πλιότερο δυναμώνει!

Απείκασμα το πάγκαλο Κόσμος φαντάζει τούτος,
ο αισθητός από Ψυχή σα νύφη στολισμένος,
μα κάλλιστος ο νοητός Κόσμος, φωνή και πράμα,
μοναδικός κόρος ο Νους, πατρός Ενός ο γόνος!

Εκείνα να στοχάζεσαι, εκεί το νου να στρέφεις!
Αιώνια, αθάνατα κι όμοια παραμένουν,
όταν εδώ μεταβολές πολλές και μεταπτώσεις
την Γαία περιβάλλουνε και την καλή την Πόλη.

Ήταν το θέλημα Διός, πατρός δικού μου θείου,
ο κόσμος λίγο να γευτεί Σταυρό του μαρτυρίου,
ώσπου το Μισοφέγγαρο την θέση του να πάρει,
με τον καιρό για να δεχτούν της αθεΐας δώρα!

Με του καιρού το γύρισμα κι όταν ο κύκλος κλείσει,
πάλι Ολύμπου οι Θεοί τη θέση τους θα λάβουν.
Η γλαύκα μου σαν πέρδικα και πάλι θα λαλήσει,
να συνοδέψει την ηχώ της Απολλώνιας λύρας!

Πάψε, λοιπόν, τα δάκρυα κι ο πόνος ας κοπάσει,
που καταθλίβει την καρδιά, το νου αναστατώνει.
Ύπνος να δώσει δέουσας ανάπαυσης μεράδι
στο σώμα, στην ψυχή καιρό στροφή να κάμει έσω!"

May you study Plato, then start writing again
Of the Enades, Intelligence's children,
Which emanate brightly from the One, mystically,
With what mortals call indescribable beauty!

Infinite sets of numbers from the Monad's womb
Are gushing like fresh water down a rocky flume,
Between odd and even equally divided,
When they are squared even more strength is provided!

Thus, this Cosmos seems to be beautiful and whole,
Like a bride bedecked in white by the divine Soul.
But the world of Ideas shines bright like the sun,
Sound and substance of the Mind, sole son of the One!

May you contemplate these things, turn your mind that way!
Eternal, immortal and without end they stay,
Unlike here on Earth, where the changes are many
In the environment, even our good City.

It was the will of Zeus, my own divine father,
That the world should carry the Cross of the martyr,
Until the Crescent comes to take over its place,
And even the gifts of atheism to taste!

As time turns the cycle will come back to a close,
And Olympian Gods will take their proper pose.
My owl, like a partridge, will sing from a spire,
To accompany Apollo's holy lyre!

Stop, then, all of your tears and let the pain subside,
Which weighs heavy on your heart, upsetting your mind.
Let sleep give your body its proper share of rest,
And let your soul turn inward where knows it's blessed!"

Πλήθων

Γεώργιος ο Γεμιστός, Πλατωνικός ο Πλήθων,
λάμπει σαν άστρο φωτεινό στον ουρανό σοφίας!

Του Βυζαντίου γέννημα, Βυζαντινά τερτίπια
δε σκιάζουνε την κρίση του, το νου του δε σκοτίζουν.

Η Δύση με Ανατολή τρώγονται και μαλώνουν,
σαν τα σκυλιά τα νηστικά σε πτώματος κουφάρι.

Παραλυμένη καρτερεί του Κωνσταντίνου Πόλη,
Βάρβαρο τον πιο δυνατό, να την διακορεύσει!

Οι Σταυροφόροι πιο σιμά, Σαρακηνοί πιο πέρα,
στέκονται και βιγλίζουνε και τρέχουνε τα σάλια.

Ένας τραβάει από δω, και από κει καν άλλος,
κομμάτια περιμάχητα της Αυτοκρατορίας!

Ακρίτες πια δε βρίσκονται τις ρούγες να φυλάνε,
η Πολιτεία ξέπεσε, ξέμεινε μόνη Πόλη.

Πελώρια τείχη τη φρουρούν, μα των φρουρών το πλήθος
μειώνεται με τον καιρό, και των εχθρών πληθαίνει.

Στην ένωση των Χριστιανών, Καθολικών και όλων
των Ορθοδόξων, που κρατούν κλειδί του Παραδείσου,

ο Αυτοκράτορας στερνός βλέπει στερνής ελπίδας
αχτίνα και βουλήθηκε να την εξαργυρώσει!

Των μοναχών Ηγούμενους, των Θεολόγων πρώτους,
και τον Φιλόσοφο καλεί να τον ακολουθήσουν.

Του Πλήθωνος ο λογισμός τρέχει σ' άλλα λημέρια,
δογματικών αιρέσεων απόμακρα στημένα.

Pletho

George Gemistos, the Platonic name Pletho was given,
And he shines like a star up in the heaven of wisdom!

He was Byzantine by birth, but with a mind unclouded,
His judgment by Byzantine tricks never would be shrouded.

The West and East back then full of hatred and harshness,
Fighting like two hungry dogs, over a rotting carcass.

Constantinople was waiting, paralyzed like carrion,
To be fed upon by the next burly barbarian!

The Crusaders closer and the Saracens farther south
Stood by as they ogled her with their watering mouths.

Pulling from either side, they never seemed to tire
Biting off little pieces of the rotting Empire!

With Akrites no longer there to guard her fragile border,
The City was left alone within the state's disorder.

Great walls surrounded her, but as enemies multiplied,
The effect of her dwindling guards would be nullified.

In the union of the Christians, Orthodox and Catholic,
Everyone who thought they had the key to Heaven's magic,

The vulnerable Emperor saw his last glimmer of hope,
And knew he needed their help if he ever was to cope!

Abbots, Theologians, the first of the Church's fathers
He called to follow him, along with the Philosopher.

But Pletho's mind was away, hunting in another field,
From dogmatic religious disputes very well concealed.

Ορθόδοξοι, Καθολικοί, Σαρακηνοί για κείνον,
αλλόκοτοι φαντάζουνε και των Ελλήνων ξένοι!

Τον Πλάτωνα τον Έλληνα, τον πρώτο φιλοσόφων,
παίρνει μαζί του και τραβά για πόλεις Ιταλίας.

Σπέρνει το σπόρο τον καλό στο γόνιμο χωράφι,
ως γεωργός πολύπειρος, σαν εραστής πρωτάρης.

Της Φλωρεντίας άρχοντες και της Φεράρας φίλοι
θα τον δεχτούν, σαν έσχατο κλεινής πλειάδας μέλος.

Δρόμο της Δύσης διάβηκε πρώτος ο Πυθαγόρας,
ο Πλάτων τον ακολουθεί, Πλωτίνος περιμένει,

(Μαζί με τον Πορφύριο και Πλούταρχο το φίλο),
σκυτάλη να διαδεχτούν Πλατωνικής σοφίας.

Ο Πλήθων, ο Φιλόσοφος, με γνώση φορτωμένος,
έσχατος Έλλην εκλεκτός θα φτάσει στη Γραικία.

Της Αναγέννησης πυρσό με Πλάτωνος τη φλόγα
θ' ανάψει για να πυρωθεί της Φλωρεντίας πόλη,

Όπως πυρώθηκε καλά και του Μυστρά το Κάστρο,
στου Ταϋγέτου την πλαγιά και την καρδιά Ελλάδος!

Του Φιλοσόφου η σπορά δεν πρόλαβε να δέσει,
σαν τον ανθό της μυγδαλιάς και τον καρπό να δώσει.

Των Ορθοδόξων οι Ταγοί με Τούρκικο τ' ασκέρι
τα βρήκανε, γινήκανε τσιράκια των Σουλτάνων!

Ο Βησσαρίων, μαθητής του Πλήθωνος ο νέος,
μαζί με τα βιβλία του, κατέφυγε στη Δύση.

Το φως της Αναγέννησης, σαν όνειρο που είδε,
ο Πλήθων ο μακαριστός, για λίγο θα φωτίσει.

What the Orthodox, Catholics, and Saracens were saying
To his Hellenic ears sounded like barbarous raving!

Plato, who was among all Greek philosophers the first,
He took to Italy's cities to whet their wisdom-thirst.

For his Hellenic seed, fertile fields he'd discover,
Like a skillful farmer or a good generous lover.

Princes in Florence and his friends on Ferrara's plain
Received him as the last link in a long and golden chain.

Pythagoras had been the first to take the Western road,
Plato came soon after, and then Plotinus too followed,

(Along with his loyal friends Plutarch and Porphyry),
To carry on Plato's torch of wisdom, like Mercury.

Pletho, with his passion for wisdom that wouldn't cease,
Was the most recent Hellene chosen to charm Greater Greece.

In fact, his Platonic flame would light the Renaissance torch,
A flame that caught ablaze when it reached Florence's porch,

Just as it had done in ancient Mystra's castle, zealous
On the slopes Taygetos, in the heart of Hellas!

But philosophy's good seed there never managed to take root,
Like the young almond tree, to blossom early and give fruit.

Orthodox Leaders and Turkish nomads on the mountain
Would both agree to become mere servants of the Sultan!

So the young student of old Pletho, keen Bessarion,
Would pack up his books as well and to the West he would run.

The Renaissance's light, which Pletho, the blessed one,
Saw before him as if in a dream, soon was to be done.

Θα τρέξουν να προλάβουνε της Ιταλίας πόλεις,
να λάβουν και να φωτιστούν με της σοφίας φέγγος.

Προτού της Μεταρρύθμισης το τερατώδες μένος
σβήσει το φως που φώτιζε και φέρει το σκοτάδι!

Το φάσμα του Φανατισμού τυλίγει την Ευρώπη,
κι Ελλάδα πάει κι έρχεται στο Τούρκικο Σαράγι!

Θα καρτερεί, σαν Άνοιξη, το λάλημα του κούκου,
του Πανουργιά τη μπαταριά, τον Θούριο του Ρήγα.

Πολλά τα φύλα των Γραικών, τα διασκορπισμένα,
ζητούν φωνή με μουσική την Ένωση να φέρει.

Πλατωνική, περίχαρη την Παλιγγενεσία,
να διακηρύξει με χρυσή μια σάλπιγγα της Μούσας!

Πάρε βαθιά αναπνοή, πάρε του ήλιου φλόγα,
και τη δροσιά του Παρνασσού τραγούδι να τα κάμεις.

Να τραγουδάν οι μορφονιές, οι νέοι να χορεύουν,
Ελλάδας Αναγέννηση μαζί να κανακεύουν!

Italian cities scrambled just to try and get the chance
To glimpse the shining wisdom before everything was past.

Before the mania of the Protestant Reformation
Brought along the darkness and doused the conflagration!

Europe would come to embrace Fanaticism's specter
And Greece, as slave, the Sultan's palace soon would enter.

She waited there like Spring for the cuckoo to come along,
For Panourgias' rifle and Rigas's sweet song.

Many dispersed Hellenes are still waiting in communion
For a voice with music to return them to their Union.

Another even more joyous Platonic Renaissance
He'll call as the Muse's trumpet gives her golden response!

He'll take a deep breath and weave some of the sun's fiery heat
With the Parnassian coolness to make a song that's sweet,

To be sung by virgins as the young men dance on their cue,
Recreating the great Hellenic Renaissance anew!

IV
Θέματα Φιλοσοφικά
Philosophical Themes

Ακαδημία

Η μέρα που συνάντησε Σωκράτη
σημαδιακή για της Αθήνας νέο,
μεταστροφή πολιτικής πορείας.
Ανίκητος σοφίας θείος έρως!

Πήρε τα μάτια του και τα χαρτιά του,
στης ξενιτιάς τον πονεμένο τόπο
παρηγοριά για λίγο θα ζητήσει,
για το χαμό σεβάσμιου Δασκάλου.

Ο Δήμος Αθηναίων βαρεμένος,
από μικρόβιο της Τυραννίας,
σοφίας εραστή, καλό Σωκράτη,
με κώνειο στον Άδη θα τον στείλει.

Απόσταση απ' τα κοινά της πόλης,
ο Πλάτων φρόνιμα θενά κρατήσει,
Ακαδημίας οίκημα θα κτίσει,
με εραστές σοφίας θα γεμίσει.

Ιδανική, δικαιοσύνης Πόλη,
ο κοφτερός ο νους του θα συλλάβει,
πρότυπο καθαρό θα καταθέσει,
για των ταλαίπωρων θνητών τη μνήμη.

Αγάπη για τον Δίωνα θα στείλει
τον γηραιό τον Πλάτωνα ταξίδια,
στη μακρινή της Σικελίας νήσο,
προπαίδεια Διονυσίου Νέου!

Το πείραμα δεν πέτυχε και πάλι,
καθώς του παλαιού του Πυθαγόρα.
Τυράννων κεφαλές δε δίνουν βάση,
στα συνετά της φρόνησης τα λόγια.

Academy

The fateful day that he met Socrates was
Significant for the Athenian youth,
A turning point on his political path.
Undefeatable is the love for the truth!

He took his eyes along with all his papers,
And went abroad a miserable creature,
In search of some form of consolation
For the loss of his most respected Teacher.

The City of Athens had been infected
By the virus of Tyranny gone crazy,
And they sent the lover of wisdom, Socrates,
With a cocktail of hemlock, down to Hades.

At a distance from the city's politics
Plato stayed prudently, keeping his cover,
And he built a school in the Academy
To be filled with passionate wisdom-lovers.

An ideal of the perfectly just City,
His sharply-honed intellect would then conceive,
To serve as a clean and clear prototype for
The struggling human memory to receive.

In his old age Plato was pushed to travel,
By his love for young Dion, the virtuous,
To the far-away island of Sicily,
To try and teach the young Dionysius!

But the experiment once again would collapse,
As it had before Pythagoras's eyes,
The minds of Tyrants do not pay attention
To the ideas of the prudent and wise.

Πλατωνικής Ακαδημίας πρώτη
απόπειρα να φυτευτεί στη Δύση
απέτυχε, δίχως καρπούς να φέρει,
χωρίς τους φιλοσόφους να πτοήσει.

Πλωτίνος, ο Πλατωνικός, Αιγύπτου
ασφάλεια και ζεστασιά θ' αφήσει,
στη μακρινή τη Ρώμη θα ζητήσει,
Πλατωνική παιδεία για να σπείρει.

Πλήθος των μαθητών θ' ακολουθήσει,
με πρωτοπόρο Τύρου νέο τέκνο,
Πορφύριο, Ελληνιστή γενναίο,
διάδοχο Πλωτίνου προικισμένο.

Μα Ρώμης παλαιά τα μεγαλεία,
σα λείψανα του παρελθόντος τώρα,
σε Χριστιανών δαιμόνιο το μένος,
αντίσταση μικρόψυχη προβάλουν

Σχολές Φιλοσοφίας θα τις κλείσουν,
Ευρώπη στο σκοτάδι θα βυθίσουν,
(για πάνω από χίλια τόσα χρόνια),
ώσπου του Πλήθωνος φέξει το πνεύμα.

Ευγένεια και πλούτος των Μεδίκων,
με προθυμία μήνυμα θα λάβουν,
της Φλωρεντίας πόλη θα κοσμήσουν,
με νέα της Ακαδημίας έδρα!

Αρχή της Αναγέννησης θα γίνει
ο θησαυρός Ελληνικής παιδείας,
όταν μεταφερθεί προς την Ευρώπη,
με πρωτοπόρο Πλήθωνα τον θείο.

Άλλοι πολλοί, του Λόγου υπηρέτες,
θα πορευτούν της ξενιτιάς το δρόμο,
με βιβλικό φορτίο φορτωμένοι,
στη Δύση θα φωλιάσουνε μια μέρα.

So the first attempt to transplant in the west
An official Platonic Academy
Turned out to fail, without bearing any fruit,
But it didn't scare off other faculty.

Plotinus the Neoplatonist would leave
Warmth and safety in the Egyptian nation,
And endeavor in Rome, the far-off city,
To give root to Platonic education.

Among the great crowd of students that followed
The youth from Tyre proved a natural professor,
Porphyry, a Hellenist proud and brave,
Would become old Plotinus's successor.

But the remainders of Rome's great grandeur, like
All relics of the past, lacked persistence,
And to the terrible menace of Christendom,
It could offer only feeble resistance.

All the schools of Philosophy would be closed,
And Europe into darkness would descend,
(Where it remained for over one thousand years),
Until in Pletho it found a shining friend.

With their kindness and wealth, the Medici would
Accept his message with alacrity,
And the city of Florence came to be graced
As the site of the new Academy!

The beginning of the Renaissance would come
From the treasure of Greek education,
Which was transferred into the heart of Europe
Because of Pletho's great dedication.

Many other men, good servants of the Word,
Onto this path of exile would stray,
With heavy papers and books overloaded,
In the West to make their nests one fine day.

Καλά πολλά με τον καιρό θα δώσουν,
της Εσπερίας έθνη θα φωτίσουν,
και φωτισμένα πάλι θα ζητήσουν
την κλασική Ελλάδα ν' αναστήσουν!

Απότοκος της κρίσης, που μαστίζει
Ευρώπη και Ελλάδα τελευταία,
ο πόθος για προσπάθεια μεγάλη,
να γεννηθεί Ακαδημία Νέα!

Τέταρτη πιο καλότυχη απ' όλες,
σαν Τετρακτύς σοφού του Πυθαγόρα,
που πότισε τον Πλάτωνα παιδάκι,
με νέκταρ θεϊκό Φιλοσοφίας!

Many benefits they would bring over time,
Hesperian enlightenment they contrived,
And the illuminated people sought a way
For Classical Hellas to be revived!

May the crisis that currently is plaguing
Europe as well as Greece, somehow imbue
People with the passion and courage to
Give birth to the Academy anew!

May this fourth school be the most auspicious
Like Pythagoras's Tetraktys was,
That which fed the hungry mind of young Plato
As Philosophy's divine nectar does!

Γαία

Γαία, γεννήτρα των θεών και των θνητών ανθρώπων,
γιγάντων και των ζωντανών των όντων που κινούνται
με της ψυχής το κίνημα, θείας ζωής το πνεύμα,
και σέρνονται και περπατάν, τρέχουνε και πηδάνε.

Από το χώμα το χυμό κι απ' το μαστό το γάλα
βυζαίνουν, διαστέλλονται, μορφώνονται τελείως.
Λιάζονται με τον ήλιο σου, στο ρίγος σου σιγάνε,
Απρίλη ζευγαρώνουνε, Γενάρη ξεψυχάνε!

Βγήκαν από τον κόρφο σου, σαν Αφροδίτης μήλα,
στο φέγγος και λαμποκοπάν, σαλεύουνε στ' αγέρι,
και καρτερούν ερωτικό να τα χαϊδέψει χέρι
θεού μεγάλου για μικρού, βαριόμοιρου ανθρώπου.

Με συνεργό τον Έρωτα της Αφροδίτης χάρη
θα τους θερμάνει την καρδιά, Χάρο να πολεμήσουν.
Προτού πεθάνουνε και μπουν σε κρύας Γης τον τάφο,
τη Μάνα τους θα μιμηθούν και θα γεννοβολήσουν.

Εικόνες, ομοιώματα, αντίγραφα προτύπων
καλά θα καταθέσουνε, πριν κατεβούν στον Άδη.
Φύτρα από τη φύτρα τους, πνοή απ' την πνοή τους,
ιδίωμα και χάρες τους θα μεταδώσουν πάλι.

Θείων ειδών μετάληψη στο κύκλωμα του χρόνου,
σαν κοινωνία των θνητών μετά των αθανάτων,
αδελφωμένα προχωράν, συναρμολογημένα,
φωτός αντιφεγγίσματα, Γαίας Μητέρας δώρα.

Απ' όλα τα γεννήματα μόνος ο νους τ' ανθρώπου
τη Γαία συλλογίζεται, ποιήματα της πλέκει,
αντίδωρα στα δώρα της, για την τροφή τροφεία,
ευχαριστήρια θερμά για γενναιοδωρία.

Gaia

The mother of immortal gods and mortal men is Gaia,
Of giants and all other creatures living under the sun,
All of them moved by their souls toward the divine spirit of life,
Drawn inevitably forward whether they crawl, walk, or run.

By sucking juice out of the soil and milk out of the breast,
They develop and perfect themselves, always looking ahead.
They will soak up your warm sun and they will shiver in your cold,
In April they start making love, and by winter they are dead!

Having emerged from your bosom, like Aphrodite's apples,
They'll sparkle in the light and they will tremble in dark portals,
And patiently they will wait just for one more erotic caress,
Perhaps from a god great or small, or an ill-fated mortal.

In synergy with Eros, the graces of Aphrodite
Will set a fire in their hearts so that Charon they may fight.
Before they die and must return within the Earth's frigid tomb,
They'll mimic Mother Gaia and bring a child to the light.

Icons, likenesses, copies of original prototypes
They shall create with good faith before to Hades they descend,
A proper offshoot of their root, a breath of their own life-breath,
Their idiom and their graces shall be reproduced again.

As if taking communion with the eternal ideas,
Mortals and immortals will mingle within the great tide of time,
Moving together in harmony, as if they were brothers,
Reflecting back the light and repaying Gaia's gifts divine.

But of all the earthly creatures, only the mind of mankind
Weaves together poetic hymns as he thinks of Mother Earth,
They are gifts in exchange for her gifts, the payment of a debt,
Expressions of gratitude for the one who gave him birth.

Λόγια, γλυκοφιλήματα, τραγούδια, μοιρολόγια,
με τον πολύτροπο ρυθμό, με θείες μελωδίες,
με στοχασμού το στάχυασμα, φτέρωμα φαντασίας,
με σκέψης πολυδαίδαλης κι ευαισθησίας πάθος.

"Ευλογητός ο κόλπος σου κι η καρπερή γαστέρα,
εργατική σαν μέλισσα γόνιμης νιας κυψέλης,
με θέρμη να υποδεχτεί του πνεύματος το σπέρμα,
ωσάν τον επιβήτορα φοράδα που ζητάει!"

He offers words both sweet and sad, both happy songs and dirges,
Bound with polytrophic rhythms and with divine melodies.
He indulges in blind conjuncture and flights of fantasy,
With his wandering thoughts and passionate sensibility.

"Blessed be thy womb and may thy fertile belly be busy,
Overflowing like a hive that is swarming with buzzing bees,
May it warmly welcome once again the spiritual seed
Just like a healthy mare in heat receives the mounting steed!"

Κοσμογονία

"Τι το ον, και τι το εν, τις πάντων συνουσία;
Ποίας αρχής τα αίτια, θείων στοιχείων γένη;"
Ονόματα πολύ μικρά μεγάλες απορίες
γεννάν, σα γίδες γόνιμες, στο χειμαδιό του νου μας!

Πυρ και αήρ, ύδωρ και γη, σαν αθλητές παλεύουν,
σε μια παλαίστρα γλιστερή μ' ιδρώτα ποτισμένη,
για νίκης το στεφάνωμα, για πάλης τα πρωτεία,
με κίνηση κυκλοτερή κι ενέργεια περίσσια.

Σαν αρχιτέκτονά, θείος Νους σε τάξη θα τα βάλει,
με μέτρο και με λογισμό, Κόσμο καλό θα κάμει!
Σαν ποιητής περίεργος, που με τις λέξεις παίζει
παιχνίδι πεντακάθαρο, γέννημα θείου νου του.

Όμοια, των πάντων Ποιητής, Γεννήτορας, Πατέρας,
δημιουργεί περίτεχνα την σύσταση του Κόσμου,
ζώο το τελειότατο, τ' απείκασμα του Όντος,
ομοίωμα το αισθητό, γόνος της μήτρας μόνος!

Εμψυχωμένο, ζωτικό το σύμπαν, τ' έχει ζώα,
αέρινα και πύρινα, ένυδρα και χερσαία.
Ανάμεσα στα ζωντανά, ξεχωριστό φαντάζει,
ζώο το πιο παράξενο, κι "άνθρωπος" τ' όνομά του.

Ολόγυμνος, αδύναμος, διστακτικός, σαν κλέφτης,
στο ζωικό βασίλειο μοναχός βασιλεύει!
Λόγος δικό του όργανο, σπουδαίο εργαλείο,
πιο δυνατό και κοφτερό απ' άλλα εργαλεία.

Ό,τι φαντάζεται ο νους, λόγος το φανερώνει,
με λέξεις και νοήματα, ρυθμό και μελωδία.
Παίρνει της γλώσσας σύμβολα, γραμματικής στοιχεία,
και κάνει πρώτα συλλαβές, πλέκει κατόπιν λέξεις.

Cosmogony

"What is being, what is one, what's the origin of everything?
What are the causes of the world, the elements of nature?"
These very little words have given birth to giant questions,
Like fertile goats always mating in the pasture of our mind!

Fire and air, water and earth, wrestling like athletes,
In a glorious arena made slick with hard-earned sweat
Shed in pursuit of the prize for first, thc crown of victory,
As they move around in circles with excessive energy.

Like a skillful architect, the divine Mind brings good order,
Together with measure and reason, to make the Universe!
Or like the curious poet, who knows how to play with words,
Creates an immaculate game, divine offspring of his mind.

In the same way, the real Poet, Father and Creator,
Brings about the elaborate constitution of Cosmos.
It is the most perfect life, the semblance of pure Being,
The sensible image, unique product of the divine womb!

Endowed with its own soul, the world is living and full of life,
Made from air, fire, water and earth, all mixed up together.
Though found among living things, yet somehow standing apart,
The strangest of all forms of life is called the "human being".

Naked, bereft of power and as hesitant as a thief,
He alone is the ruler of all the animal kingdom!
Reason is his main weapon, his most important device,
More powerful and sharper than all of his other tools.

Whatever his mind imagines, his reason will reveal it,
With words and with deep meanings, with melody and rhythm.
It takes linguistic symbols, the elements of grammar,
And beginning just with syllables, weaves a web of words.

Όπως πλοκάμια χτάποδας, τις λέξεις τις απλώνει,
με πρότασης το δέλεαρ ον όντως να θηρέψει!
Θήραμα γίνεται το ον και θηρευτής ο λόγος,
π' ουσίας υποκείμενο πασκίζει να συλλάβει.

Συμβεβηκότα, τα πολλά κατηγορίας γένη,
άστατα και περαστικά, Ουσία μόνη μένει!
Και περιμένει τον γαμπρό Νου να τον αγκαλιάσει,
καθώς Ψυχή τον Έρωτα, τα δυο να γίνουν Ένα.

Καθώς ο νους ο φωτεινός με συνεργό τον λόγο,
θηρεύει την αλήθεια, των όντων την ουσία,
θέαμα θαυμαστό θωρεί, "γνώθι σ' αυτόν" κατέχει,
το πολυώνυμο το όν, στο βάθος, ένα βγαίνει!

Το πολλαχώς λεγόμενον της μεριστής ουσίας
αμέριστο καθίσταται, στου νου το θείο μάτι!
Ερευνητών πειράματα, των φιλοσόφων λόγια,
των ποιητών ποιήματα, των αηδών τραγούδια,

Ένα στο τέλος γίνονται, μοναδικό το μέλος,
ψυχής για να το κελαηδάει τ' αηδόνι, λυπημένα!
Ο κόσμος που κοσμήθηκε, μπορεί και να χαλάσει,
όταν το σκότος καταπιεί το φως που τώρα λάμπει.

Μα, μη φοβάσαι καν το ον, μοίρα δική του είναι,
αντίθετο προς το μη ον, πάντα να παραμένει,
να καρτερεί με προσμονή (Δήμητρα Περσεφόνη),
κόσμος να ξαναγεννηθεί, νέα ζωή να δώσει!

Like the legs of an octopus, his poetic words reach out
To dangle the bait before Being and then to reel it in!
Being becomes the prey and reason is the hunter,
Straining to capture pure substance with his understanding.

Accidents and the other types of being are, all of them,
Unsettled and ephemeral, Substance alone remains!
And it waits for its groom, the Mind, to come and embrace it,
As Psyche embraces Eros and the two become One.

As the brilliant mind is collaborating with reason,
In the pursuit of the truth about Being and Substance,
It will grasp an amazing insight: "Mortal, know thyself."
From the myriad of beings, in the end, one emerges!

The many names and meanings of divisible substance
Are rendered unique and whole by the good eye of mind!
Researchers' experiments, philosophers' arguments,
The verses of the poets and the songs of the rhapsodes,

All become one in the end, all of them sing the same tune,
The sad song of the nightingale, sad song of the soul!
The world that is now adorned, can also be broken down,
When darkness comes to swallow up the light that's shining now.

But, do not be afraid for it, this is the fate of Being,
To stand opposed to non-Being, and always to remain,
To wait with expectation (as Demeter for her Kore),
For the world to bloom again, and to give it a new life!

Κόσμος

Εκτείνεται στο άπειρον ο Κόσμος,
σαλίγκαρος που ξύπνησε βροχή,
σαν ποίημα που ποιητής το πλέκει,
σαν γόνος σε αγκάλη μητρική.

Κοσμήματα που δέχτηκε το Χάος,
ήλιος, σελήνη κι άστρα λαμπερά,
ποικίλματα στον Ουρανό που φέγγουν
για να φωτίζουν Γαίας τα παιδιά.

Του φιλοσόφου νους θα τα θαυμάσει,
τεχνίτη τέχνη θα τα μιμηθεί,
πρωτότυπα λόγια καλά θα πλάσει
θνητός δημιουργός στον Ποιητή!

Βοσκός ερωτικός αυλό θα πιάσει
τον πόνο του στην ύπαιθρο θα πει,
προσμένοντας καρδιά να τον ακούσει,
που φλέγεται για έρωτα φιλί.

Ο λόγος με τον Λόγο θ' ανταμώσει,
ως θείος Έρως με αγνή Ψυχή,
αντίδωρο στα δώρα του θα δώσει
ύδωρ ζωής, σαν γάργαρη πηγή!

Της Γαίας γέννημα δυναμογόνο
ο νους θνητού τ' ανθρώπου, μα μπορεί
τον σύμπαντα τον Κόσμο να τον παίζει,
σαν τόπι παιδικό μες την αυλή.

Θεούς και δαίμονες πολλούς γεννάει,
σα γίδα γκαστρωμένη στο μαντρί,
που έδεσε του έρωτα μια θέρμη
με δυνατό τριτάρικο τραγί!

Cosmos

The World extends infinitely
And the poet senses its charms,
Like a snail awoken by rain,
A child in its mother's arms.

Jewels conceal rambling Chaos
Adorning the sky at night,
Sparkling stars, the sun and the moon
Bathe all her children in light.

The philosopher is amazed,
The poet mimes their beauty,
Creating words of splendor for
The Poet is his duty!

The pipe of the lovesick shepherd
Pierces the pastoral bliss,
In search of the heart who listens,
Thirsting for his loving kiss.

Words with Reason intertwined,
As Eros to sweet Psyche clings,
Return the gift of life's water,
Like gurgling mountain springs!

Gaia gives all of her power
To the mortal mind of man,
Who runs and plays with Cosmos,
Like a child kicking a can.

It begets gods and demons, like
An ardent goat in the fold,
Impregnated one balmy night,
By a young goat potent and bold!

Θεολογίας δόγματα δαμάζει,
θεόληπτα νοήματα κερνά
με σοφιστείας σχήματα πανούργα,
με ρητορείας ρήματα κομψά.

Ποικίλες απορίες φιλοσόφων,
μεγάλες θεωρίες των σοφών,
κεντάν του νου περίεργα το λόγο,
σαν τη βουκέντρα νώτα των βοδιών!

Της Αθηνάς την έντεχνη σοφία
μιμείται, σαν καλός ο μαθητής
δασκάλας της καλλίγραμμης το κάλλος,
στα γράμματα ελληνικής γραφής!

Theological doctrines hide
The meaning of the divine
Behind a sophistic disguise,
Fancy words that gleam and shine.

Great philosophical queries,
Big theories from wise old men,
Provoke his still curious mind,
Like a whip goading oxen!

He mimes Athena's wisdom
With a student's devotion,
Taking noble Hellenic words
And putting them into motion!

Πλάσματα

Πολλά του Κόσμου τα καλά τα πλάσματα του Πλάστη,
την Πλάση που στολίζουνε, σαν την καλή Πανδώρα!
Ο Ουρανός ο έναστρος, ο φωτισμός των άστρων,
και πιο σιμά στη Μάνα Γη, Ήλιος με τη Σελήνη.

Σαν αδερφός με αδερφή, σαν εραστών ζευγάρι,
φέγγουνε και φωτίζουνε, κάνουν τη νύχτα μέρα!
Στο μέσον κείται σεβαστή Γαίας τρανής εστία,
χάρμα για μάτι που θωρεί τα κάλλη τα περίσσια.

Λούζεται μες τα κύματα, σα θάλασσας γοργόνα,
και λιάζεται στην αμμουδιά, δροσίζεται στην αύρα.
Ψηλά βουνά, δάση πυκνά, πανέμορφες κοιλάδες,
που τις ποτίζουν ποταμοί, καθώς τις διασχίζουν.

Της Δήμητρας χρυσοί καρποί και τ' άνθη τις στολίζουν,
με χρώματα πολύχρωμα και μυρωδιές περίσσιες.
Τα περιβόλια χωρικών καλά περιφραγμένα,
μ' αμπέλια μοσχοστάφυλα κι οπωροφόρα δέντρα.

Μηλιές οι ροδομάγουλες και κυδωνιές αφράτες,
συκές, ροδιές, ροδακινιές, η μια κοντά στην άλλη.
Σαν τις κοπέλες στο χορό πιασμένες χέρι-χέρι,
είτε σε γάμου τη χαρά για σε Λαμπρής αγάπη!

Και καρυδιές πανύψηλες και κερασιές γεμάτες
το Μάρτη μ' άνθη κάτασπρα, το Μάη με κεράσια.
Κεράσια, πετροκέρασα, σαν κοπελιάς τα χείλια,
τα βλέπεις και λιμπίζεσαι, τα τρως και δε χορταίνεις!

Πολλών ειδών τα σερπετά, πολλά των ζώων είδη,
κι άλλα πεζά ταχύποδα κι άλλα τα ποντοπόρα.
Μα τα καλύτερα πτηνά, παίρνουν φτερό, πετάνε,
σαν των θεών τα πνεύματα και ποιητών τα λόγια!

Creations

Many and good creations are made by the World's Creator,
And they decorate nature well, like beautiful Pandora!
The lofty and sparkling Heavens are first with their glowing stars,
And closer to our Mother Earth, the familiar Sun and Moon.

Like a brother and sister or a couple of young lovers,
They glow and shine at each other, making day out of the night!
And there in the middle we find the honored hearth of the Earth,
Its beauty delightful to contemplate, as its solemn truth.

Surrounded by the lapping waves, like a mermaid in the sea,
She sunbathes upon sparkling sand, refreshed by a soothing breeze.
Towering mountains, thriving forests, and beautiful valleys
Are irrigated by rivers, gently and without damage.

Demeter's golden harvest and bright blossoms will adorn her
With abundant aromas and a multitude of colors.
The gardens of the villagers are cared-for and protected,
Full of thick vines and trees laden heavily with fruit and grapes.

The rosy-cheeked apple trees as well as the shapely quince trees,
Crowd together with figs, pomegranates, and sweet peaches.
They stand next to each other like girls holding hands in the dance,
At a wedding celebration or the great feast of Easter!

And the tall walnut trees stand next to shorter cherry trees,
Full of white blossoms in March, then in May laden with cherries.
Cherries as hard as stones, like the virgin lips of young women,
You see and desire them, never getting enough of them!

Many species of serpents and many kinds of animals
There are, some blessed with rapid feet, others with fins to swim,
But most excellent are birds able to spread their wings and fly,
Like the passions of the poets or the spirits of the gods!

Πολλά της Πλάσης πλάσματα κι άνθρωπος κορωνίδα,
ποιήματα στοχάζεται, πλάσματα των πλασμάτων!
Πολέμους σιδερόφραχτους , μάχες με τα μαχαίρια,
ανθρώπου τόλμη τα τολμά, καρδιά τα υποφέρει.

Γάμου τραγούδια χαρωπά, κηδείας μοιρολόγια,
θνητού φωνή τα τραγουδά και λόγος τα προφέρει.
Θάλασσας καταγάλανης άσπρος αφρός κυμάτων
δειλά φιλάει την αμμουδιά, σαν εραστής παρθένα.

Που την κρατάει στα χέρια του, γλυκά της λέει λόγια,
να φανερώσει της καρδιάς τον πόθο, που τον καίει.
Τα λόγια του, οι σκέψεις του, και τα αισθήματά του,
σα γράμματα καλής γραφής σε αμμουδιά γραμμένα .

Φυσάει μπάτης και ξυπνάει το κοιμισμένο κύμα,
και κείνο τρέχει στη στεριά και τη γραφή του σβήνει!
Εφήμερα γεννήματα, σχήματα δίχως σάρκα,
των ποιητών ποιήματα, των εργατών τα έργα.

Ο θέρος, τρύγος, πόλεμος, πολύ του τρώνε χρόνο,
δουλευταράς νιος Έρωτας απομεινάρι παίρνει!
Παρθένα βρίσκεται με γιο από γονή δική του,
προτού προλάβει Χάροντας να τόνε βάλει κάτω!

Νέα γεννιόνται πλάσματα, ποιήματα και πάθη,
γεννήματα γόνιμης Γης, που θα χαθούν στο Χάος.
Γαία τ' αλώνι του χορού, για μουσική αγέρας,
αρχή του ίδρωτα νερό και πυρ πηγή του πόθου.

Παίζουν κλαρίνα και βιολιά, σαν σε χαρά του γάμου,
κι αντιλαλούν του Παρνασσού χαράδρες μαγεμένες.
Ο Χρόνος σέρνει το χορό, κι Έρωτας με το Χάρο
αντάμα τον χορεύουνε, το Φως όσο θα φέγγει!

Of the many varied creatures the best, they say, is mankind,
Whose poetry makes something new out of God's good creation!
But his daring audacity causes wars between armies,
Vicious battles with sharp knives that cause tender hearts to suffer.

The joyful songs of weddings and the mournful funeral songs
Are both sung in the human voice and bear his mortal reason.
The blue and gentle ocean with the white foam of its waves
Bashfully kisses the beach like a lover with a virgin.

He will hold her in his arms and whisper softly in her ear,
To reveal to her his heart, as it smolders with desire.
His words, his thoughts and feelings become poetic messages,
Written with love in the seashore's repeatedly moistened sand.

But when the breeze begins to blow and wakens the sleepy wave,
It will run onto the seashore, those loving words to erase!
Ephemeral creations, passing shadows that have no flesh,
Are the poems of the poets, as any worker will attest.

Like the harvest of wheat and grapes, the work devours much time,
There is little space left for Love and the task he has in mind!
But a virgin will soon be found pregnant with his only child,
Before grim Charon comes along to reap him with his scythe!

A whole new generation will arrive with poems and passions,
Creatures of the fertile Earth that will die in the same fashion.
Earth will become the dancing floor as wind becomes the music,
Water is the source of sweat, and from fire springs desire.

Clarinet and violin they'll play, as if at a wedding,
And Parnassus' valleys deep will echo again with music.
Old Time will start the dance anew, inviting Eros and Death
To sway together slowly while there's still some sunlight left!

Μικρόκοσμος

Στοιχείων θεία σύνδεση, σαν αρμονία Λόγου,
έγινε Κόσμος, το καλό κόσμημα της αβύσσου!

Σε μέγεθος μοναδικό, το πλήθος ποιοτήτων
συνέρρευσαν να καταστεί Κόσμος ο στοιχειωμένος.

Με σχήματα πολύτροπα, χρωμάτων ποικιλία,
την Γαία περιβάλανε, νερό, φωτιά κι αγέρας.

Τη σφίξανε, καθώς φασκιές μωρό παιδί στην κούνια,
τον Ηρακλή, που κράτησαν της Ήρας θεία χέρια.

Με γάλα το βυζάξανε τ' αθάνατα τα στήθη,
κι ας ήτανε κόρης θνητής γέννημα και του Δία!

Όμοια και Γαία τη ζωή την θήλασε σα μάνα,
σα δέντρο το πολύκλαδο, την είδε να βλασταίνει.

Απ' όλα τα βλαστήματα, των ζών τ' άλλα είδη,
άνθρωπος σαν μικρόκοσμος πάνω στη γη φαντάζει!

Καλά δεμένα φαίνονται τα τέσσερα στοιχεία,
στο σώμα του το κωμικό, το παρατραβηγμένο.

Ορθοποδεί, παραπατεί, κι ισορροπεί με πείσμα,
τα πάνω πάντα θεωρεί, τον ουρανό θαυμάζει!.

Τέχνη και λόγου σύνεργα συνάγει, σαν τον πλάστη,
της πολιτείας το σκαρί με νόμους να σκαρώσει.

Κοιμάται κι ονειρεύεται, κοιτάζει και θαυμάζει,
ρωτήματα πολλά ρωτά, συμπέρασμα να βγάλει.

Θεών αυτός το άτακτο, το πλανημένο πλάσμα,
με τέχνης τα τεχνάσματα πασχίζει, σχεδιάζει.

Microcosm

The union of good elements, the harmony of Logos,
Became the beautiful Cosmos, a jewel within the abyss!

Unparalleled in magnitude, a great array of creatures
Were combined to form the Cosmos, a plenitude of features.

A vast variety of shapes and many different colors
Envelop our mother Earth with air and fire and water.

And they bind her tightly, like the bunting that keeps babies warm,
Or like the infant Heracles was cradled in Hera's arms.

With milk from her immortal breast, she would sweetly suckle him,
Though born of a mortal woman, he was still the son of Zeus!

In this same way Gaia suckled life as a loving mother,
And like a tree with many limbs, she blossomed like no other.

Different from life's other branches, the tapestry's many threads,
Man seems like a microcosm of the Earth on which he treads!

In him, each of the elements seems to be well connected,
In his comical body so awkward and complicated.

Standing up unsteadily he tries hard to keep his balance,
With his gaze always fixed upward, enchanted by the heavens!

The tools of art and reason he can use like the creator,
To construct a city with a well-planned legal framework.

He will sleep and he will dream, he will look and he'll admire,
Searching for a conclusion, of questions he'll never tire.

A disobedient child of gods, the one deviant creature,
With his sophisticated arts, he struggles toward the future.

Καθώς Οιδίπους Τύραννος, άνθρωπος θενά γίνει
θεού πατέρα νιος φονιάς κι άρχοντας εξουσίας!

Κακότυχη τον καρτερεί μοίρα κι αυτόν πιο κάτω,
με τέχνης πολυδαίδαλης τεχνήματα πιασμένο.

Τεχνολογία γέννημα του λογικού ανθρώπου,
κι αυτή γεννάει, με τη σειρά, όργανα πιο μεγάλα.

Πιο δυνατά, πιο γρήγορα, στο τέλος απειλούνε
δημιουργό τους άνθρωπο με τρόμου μέγα δέος!

Των μηχανών ο κύριος κατάντησε σαν δούλος,
ανήμπορος να χειριστεί τα έργα των χειρών του.

Της τεχνικής το κόσκινο τον άνθρωπο τεχνίτη,
κόσμο τον μικροσκοπικό, θα τον καταποντίσει.

Μιας θείας Μοίρας παίγνια, θνητοί, θεοί αντάμα,
αλλήλους εξοντώνουνε, αντί να συμβαδίζουν.

Μέγας ο Κόσμος και χωρεί πληθώρα κόσμων άλλων,
μικρών και μικροσκοπικών, συμπάθειας το πλέγμα!

Like Oedipus the Tyrant, in his heart he wants to become
The murderer of his father and king over everyone.

But Fate will also deliver bad luck to him down the road,
Ensnaring him in the trap of the creations he has sowed.

Technology is a child of the rational human mind,
Which can leave, in its own turn, even greater creations behind.

They get more quick and powerful and soon become the bearers
Of threats for their own creators with newfound awesome terrors!

The master of his machine becomes quickly more like its slave,
Incapable of controlling the creation he has made.

By his created technology, the great technician, man,
Microcosm of the Cosmos, will find himself swallowed down.

The playthings of some errant Fate, both men and gods together,
Instead of working as one, will exterminate each other.

But this Cosmos still has room for many more worlds to breathe,
Both small and microscopic, in its sympathetic weave!

Άνθρωπος

Περίεργα και περιττά τα έργα του ανθρώπου,
διάφορα, διακριτά, απ' άλλων ζώων έργα,
που ζούνε και μοιράζονται του κόσμου το καλύβι,
στου χρόνου τα γυρίσματα, στις ώρες που κυλάνε.

Δώσε στο σκύλο κόκκαλο, στη γάτα το ποντίκι,
στο γάιδαρο σανό καλό, στο πρόβατο γρασίδι,
θα φάνε και θα κοιμηθούν, στον ίσκιο κάποιου δέντρου,
κι όταν ξυπνήσουν θα χαρούν παιχνίδια διαλεγμένα.

Με συνεργό το ένστικτο και της ζωής το σφρίγος,
του είδους διαιώνιση αλάθευτα θα δώσουν.
Ο θάνατος σαν λύτρωση, για τα πολλά τα ζώα,
από του γήρατος δεσμά και της αρρώστιας πόνο.

Ο κύκλος, όπως άνοιξε, καλά θα κλείσει πάλι,
νέα γενιά, πιο ζωντανή, θα διαδεχτεί την άλλη.
Στο ζωικό βασίλειο, ένα μονάχα ζώο
δείχνει πολύ παράξενο, άπληστο και παμφάγο!

Ανήσυχο, περίφοβο, άστατο, δορυφόρο,
τίποτα δεν το συγκινεί κι όλα τα δοκιμάζει.
Προβλήματα πρώτα γεννά και ύστερα πασκίζει
να δώσει λύσεις ταιριαστές και καταμετρημένες.

Με λογισμού τη ζυγαριά, του νου τα νέα μέτρα,
μετράει και ξανά μετρά, κόβει ξανά και ράβει.
Μα λύσεις νέο πρόβλημα και νέες απορίες
γεννούν, σα γίδες γόνιμες τις πάρα-γκαστρωμένες.

Με τέχνης πολυδαίδαλης σοφίσματα πανούργα,
σαν το δελφίνι κολυμπά, σαν τον αετό πετάει,
τον χαλινό στον άνεμο, στον ποταμό γεφύρι,
και στη φωτιά φωτάναμμα λιθόστρωτο στεριώνει

Mankind

Curious and complicated are the works of mankind,
Different and distinct from the works of the other creatures,
Which live and share with us the humble home of the Cosmos,
In the turning wheel of time, with the hours that roll by us.

To a dog you may give a bone, to the cat a tasty mouse,
Fresh hay is best for the donkey and green grass fitting for sheep.
They will eat and they will sleep in the cool shade of some tree,
And later, when they awaken, they will play their games with glee.

With the synergy of their instincts and the great force of life,
They surely will provide the perpetuation of their kind.
For most living beings, Death is welcomed like a savior
From the bitter bonds of aging and the dull pains of illness.

The cycle, as sure as it opens, will also close again,
Then a new and more vital generation will begin.
But in the animal kingdom, there is one being alone,
Who behaves quite strangely, omnivorous and insatiable!

Anxious, fearful, unsteady, yet he is always bearing arms,
He tastes everything he finds, never satisfying his heart.
First he creates his own problems, then he tries with all his might
To give them fitting solutions, with careful thought and design.

Using the scale of reason and new measures of the mind,
He weighs everything twice, cuts things open to close them again.
But his novel solutions create new problems and puzzles,
Like fertile goats that give birth to multiple litters of kids.

With the sophisticated skills of his complicated arts,
He learns to swim like a dolphin, and to fly like an eagle,
He deigns to bridle the wind, to bridge rushing rivers alone,
And puts the fire in his house, containing it within stones.

Βάζει στο βόδι το ζυγό, στο γάιδαρο σαμάρι,
και σαν Διόνυσος θεός, τ' αμπέλι του τρυγάει.
Με το κρασί το δυνατό, ψιμάρι το ψημένο,
κάνει σπονδή σε μια γιορτή, συμπόσιο συστήνει.

Με μουσικής τα όργανα, γλυκιάς φωνής τραγούδια,
στήνει χορό και με ρυθμό σατυρικό χορεύει.
Παθήματα του έρωτα, της Αφροδίτης χάρες,
ολοχρονίς τα χαίρεται, χωρίς να τα χορταίνει!

Πολύμορφος ο έρωτας, σαν παλαιός Πρωτέας,
από τα μάτια πιάνεται και του προσώπου σχήμα,
μα της ψυχής καλλώπισμα, της αρετής το κάλλος.
τον εραστή καραδοκεί στο τέλος της πορείας.

Μαγειρικής οι λιχουδιές και οι γλυκές οι γεύσεις
την όρεξη θ' ανοίξουνε, μα πώς θενά την κλείσουν;
Άλλων η πείνα πρόβλημα κι άλλων παχυσαρκία,
λίγοι μονάχα συνετοί τηρούν του λόγου μέτρο.

Δυνητικά πολυειδής άνθρωπος νιος φαντάζει,
καλύτερος, χειρότερος, απ' όλα τ' άλλα ζώα;
Μπορεί και να βελτιωθεί και να χειροτερέψει,
με την παιδεία την ορθή για στέρηση φροντίδας.

Από της γης τα ζωντανά που μίμηση γνωρίζουν,
άνθρωπος πιο μιμητικός, πιο εύστροφος απ' όλα.
Στήνει θεάτρου τη σκηνή, φοράει το προσωπείο,
και δράματα πολύπλοκα με φαντασία παίζει.

Ηθοποιός στους θεατές πότε χαρίζει γέλια,
και πότε δάκρυα πολλά με τραγικές του πράξεις.
Ανάμεσα στα δράματα δομή της πολιτείας,
με άρχοντες, αρχόμενους, νόμους και κρίσεις δίκης.

Μα πιο μεγάλο τέχνασμα θνητής της σοφιστείας
είναι το γένος των θεών, θρησκείας ιστορία.
Θεοί μαζί και δαίμονες πρόθυμοι να στηρίξουν
της πολιτείας δόμημα, ανθρώπων κοινωνία!

He puts the ox into the yoke, the saddle on the poor donkey,
And like Dionysus divine, he harvests heady grapes.
With powerful wine and roasted lamb, he will pour a libation
To honor the gods at the festival he has arranged for them.

Then with musical instruments and good songs sung sweetly,
He starts the dance with some rhythm and prances like a satyr.
Erotic passion, coupled with Aphrodite's other graces,
He enjoys all year around, yet his appetite's never sated!

Love can take many forms for him, like old Proteus did,
It starts in the eyes, quickly moving to facial expression.
But what awaits the lover at the end of his long journey
Is the true beauty of soul, virtue, the deepest harmony.

The delicacies of cookery and confectioner's delights
Opens up his appetite, but to close it again is a fight!
Hunger is one kind of problem, obesity quite another,
Only a few manage to heed the harsh commands of reason.

A young man's potential may appear great and many-sided,
But is this better, or maybe worse, than other living beings?
He could become better or he could do a lot more damage,
Depending on whether he gets education or careless neglect.

Of all the creatures of earth that know how to imitate,
Man is the most mimetic, and the most capable of all.
He can set up a theatric scene and don a scary mask,
Performing complicated dramas with much imagination.

The actor to the spectators sometimes will give smiles,
At other times he'll give them tears with his poignant tragedies.
Another kind of drama is his construction of the state,
With its kings and subjects, noble laws and courts of judgment.

But the best of all inventions, of his sophistry ingenious,
Is the creation of the gods, the history of religion.
Gods along with spirits come ready to offer their support
To every human society, to the structure of his state!

Με απειλές, με τάματα, φόβητρα και μαγείες,
κρατάν το ζώο στο ζυγό, σαν υπηρέτη νόμου.
Περιφρονεί, σιχαίνεται, της γης όλα τα ζώα,
ευφάνταστα και τολμηρά συντρόφους άλλους πλάθει.

Θεούς τρανούς και δαίμονες, πνεύματα παντός είδους,
σαν ποιητής πολύπαθος, πολύπειρος τεχνίτης,
δημιουργεί, συνομιλεί με πλάσματα του νου του,
σαν άνθρωποι φαντάζουνε με τη φωνή του λόγου!

Σκέφτονται, συλλογίζονται, σχέδια καταστρώνουν,
σαν δύο μικρο-έμποροι τα κέρδη να μοιράσουν.
Της συμφωνίας τήρηση κλειδί του Παραδείσου,
τον παραβάτη καρτερεί της Κόλασης καζάνι.

Πάνω κι από τους άρχοντες, δημαγωγούς, τυράννους,
κάθεται Νους ο Κύριος, συναθλητής τ' Ανθρώπου.
Τον πλάστη του παρατηρεί, με θαυμασμό και δέος,
περίεργα τα έργα του και της καρδιάς τα πάθη!

With threats and promises functioning like scarecrows and charms,
They keep people beneath the yoke as servants to their law.
Man looks down with great contempt upon the other animals,
Having made through fantasy his own divine companions.

Great gods and shady demons, spirits of all shapes and sizes,
Like an impassioned poet or a proficient artisan,
Man creates, and then converses with the creation of his mind,
Imagining them in his image, with his voice and reason!

Together they think and calculate, planning for the future,
Like a pair of shopkeepers dividing up their profits.
Those who fulfill the agreement hold the key to Paradise,
Those who don't will go to roast in Hell's eternal fire.

Above all of these rules, of all the demagogues and tyrants,
Reigns the Mind's Authority, proper ally of Mankind.
He looks at mankind, his creature, with wonder and with awe,
So strange are his good works and the passions of his heart!

Μεταίχμιο

Ανάμεσα στην ποικιλία ζώων,
και γένος των αθάνατων θεών,
στέκεται άνθρωπος ο γυμνωμένος,
ως αθλητής άθλων Ελληνικών!

Επιμηθέως έλλειψη σοφίας
εκείνος θα πληρώσει δυστυχώς,
τον οπλισμό των ζώων θα μοιράσει
άνισα, της ζωής ο χορηγός.

Άλλα με δόντια θα εφοδιάσει,
τα δυνατά και πλέον κοφτερά,
άλλα με κέρατα καρδαμωμένα,
για των αγώνων συμπεριφορά.

Άλλα με δέρματα γερά για θέρμη,
και των αισθήσεων υπεροχή,
για με ταχύτητα που θα χαρίζει
ζωής τη σωτηρία με φυγή.

Άνθρωπος έμεινε αδικημένος,
αδύναμος, ακάλυπτος, γυμνός,
την αδικία θέλει διορθώσει
πρόθυμα Προμηθέας πάνσοφος.

Πυρ ζωηρό από θεούς θα κλέψει,
για να δωρίσει στο γυμνό θνητό,
να ζεσταθεί και το ψωμί να ψήσει
μ’ Εστίας την πυρά στο μαγειρειό.

Λόγου καλό λεπίδι θα του δώσει,
σαν όπλο πιο δεινό κι από φωτιά,
Αιδώ και Δίκη θέλει δοκιμάσει,
θεμέλια της πόλης δυνατά.

Threshold

Between the many different animals,
And the gods, as immortal as their names,
Stands the human being, completely naked
Like an athlete in the Hellenic games!

Epimetheus was lacking wisdom,
And for this misfortune, man had to pay
By receiving a lesser share of armor
Than the animals, much to his dismay.

Some of them would be provided with teeth,
A mouthful of them, sharp as well as strong,
Others would receive hard and pointed horns
For the contests that last the whole day long.

Still others have strong skins to keep them warm
And sharp senses that tell them to retreat,
While those that are blessed with natural swiftness
Can save their lives with the speed of their feet.

Humankind remained fairly deprived,
Naked, weak, exposed, and lacking in size,
But the injustice would be corrected
By the will of Prometheus, the wise.

He cleverly stole fire from the gods,
Giving it to mankind in his disgrace,
To bake bread and warm his naked body,
With Hestia's flame in his fireplace.

He also gave him bits of good reason,
A weapon even more precious than fire,
Giving him a taste for shame and justice,
The founding of good cities to inspire.

Με λόγο τη φωνή του θα την κάνει
σημαντική των όντων που θωρεί,
αναλογίας μέτρα θα σημάνει,
συλλογισμού συμπέρασμα θα βγει.

Οι ρήτορες θα χειριστούν του λόγου
τη δύναμη με τέχνη περισσή,
τα πλήθη πέρα-δώθε θα κινήσουν,
σαν κύματα που σπάνε στην ακτή.

Οι ποιητές καλαίσθητα θα δώσουν
νόημα στης ζωής τις συμφορές,
τον πόνο της τραγούδι θα τον κάνουν,
να τραγουδούν θνητών οι συντροφιές.

Τον Έρωτα που τις καρδιές μαλάσσει,
θα τον τιμήσουνε παντοδαπώς,
θα καταστεί αντίπαλος Θανάτου,
σαν δίδυμος μεγάλος αδελφός.

Ως συνοδό τον Έρωτα θα πάρουν,
στο δρόμο τον καλό της αρετής,
αλάθευτα που φέρνει προς το κάλλος
μείζονος των θεών περιωπής.

Τα ζώα φαίνεται ν' αφήνει πίσω,
ζωής κυρίαρχος μόνος αυτός,
στης Γαίας το πανώριο περιβόλι
φαντάζει σαν αθάνατος θεός.

Ορίζω και μεταίχμιο θα μείνει,
ανάμεσα στα ζώα και θεούς,
άνθρωπος με τα βλέμματα στραμμένα
προς φωτεινούς, πανώριους Ουρανούς!

Reason would render the tool of his voice
Important to the other men he sees,
Who could mix their ideas with his,
Finding together consensus and peace.

Orators would learn to manipulate words
With abundant skill to create strong speech,
Capable of moving about the crowds,
Like waves that keep breaking upon the beach.

The poets, with elegance and beauty,
Find meaning in the sufferings of life,
And the pain in their songs would come to be
Like a companion in the mortal's strife.

The Eros, that makes men's hearts tender,
They would honor in every way they could,
Making him a great opponent of Death,
Like a twin brother who's greater and good.

They will take Eros as their companion
On the journey to virtue and the good,
Which connects, along with truth and beauty,
To the threshold of the gods, as it should.

The animals he seems to leave behind,
The other creatures before him are awed,
On Earth, the most beautiful of gardens,
He sees himself as an immortal god.

But waiting at the threshold he remains,
In between the immortal gods and beasts,
Man, below the shining and beautiful
Heaven, upon which his vision feasts!

Σκέψη

Σαν παρασιτική φαντάζει Σκέψη,
δογματικών αιρέσεων τρομάρα,
οικοδομούν αυτές αλήθειας κάστρα,
εκείνη προσπαθεί να τα γκρεμίσει!

Ούτε δοξάζει, ούτε δογματίζει,
φαινόμενα παρατηρεί και ψάχνει
απόκριση να βρει στις ερωτήσεις
εφεκτικά, χωρίς μεγάλα λόγια.

Περίεργος Πυρρώνειος ο λόγος,
απόφαση, κατάφαση δεν κάνει,
στης ισοσθένειας το "μηδέν μάλλον"
στήνει το μετερίζι πολεμώντας.

Αλήθειας το κριτήριο γυρεύει,
αίσθηση δεν αρκεί και λόγος μένει
στον φαύλο κύκλο περιτυλιγμένος,
εκτρέπεται, στο άπειρον πεσμένος.

Ο σκεπτικός κρίση καμιά δεν κάνει,
καλό, κακό, θέση ποτέ δεν παίρνει,
της αφασίας γόνος απραξία,
γέννημα δεύτερον αταραξία!

Αδιαφορεί, χωρίς να παραβαίνει
κοινωνικές συνθήκες καθεστώσες,
επόμενος στα φυσικά του πάθη,
ζει μοναχός, ατάραχος, γενναίος.

Κάτι διδάχτηκε και στο ταξίδι,
ως τον Ινδό τον μακρινό θα φτάσει,
ακόλουθος στρατείας Αλεξάνδρου,
Ελλάδα και Περσία να συνδέσει.

Skepsis

Like a parasite Skepsis sometime seems
A terror to dogmatic schools of thought,
Wherever they build up their castles of truth,
She tries to tear down what they wrought!

She never opines, never dogmatizes,
She observes what she finds in the world,
Seeking answers to all of her questions,
With understanding and without big words.

Her logos is curious and Pyrrhonist,
She avoids saying anyone's right,
Rejecting both sides of the argument,
No matter how hard the two parties fight.

Skepsis keeps seeking criteria for truth,
Perception fails, only reason remains,
Hidden inside a never-ending spiral,
On a road without end, losing its way.

The skeptic does not make any judgments,
Whether good or bad, he won't take a stand,
Child of paralysis and speechlessness,
He finds a new tranquility at hand!

He's indifferent, without interfering,
To the social conventions found in life,
He follows the natural course of passions
And lives by himself, without fear or strife.

Something was learned also from the journey,
The Hindus' land would teach its own lesson,
Through the followers of Alexander,
Persia and Greece would find their connection.

Ο λόγος τον αντίλογο ζητάει,
να τροχιστεί, σαν δίκοπο μαχαίρι,
και στην τριβή δυνητικά να λάμψει
αλήθειας της ποθητής σπινθήρας.

Φιλοσοφίας έρεισμα και βάση
λόγος, διάλογος διαπλεγμένος,
σαν αθλητής γυμνάζεται, προσμένει
αλήθειας έπαθλο καλό να λάβει!

Reason keeps searching for contradiction,
To be sharpened, like a double-edged sword,
And through friction to bring out the brilliance,
The spark of truth within the human soul.

Philosophy acts as the foundation,
Mixing reason and dialogue as one,
Like an athlete it trains, in expectation
For the good prize of truth to be won!

Σύμπαν

Έρως, ο δυναμογόνος, εις την Άβυσσο παντός,
άστραψε συναθλοφόρος και γεννήθηκε το φως!

Κόσμος έγινε το Χάος, έναστρος νιος Ουρανός
περιέβαλε την Γαία, σαν της νύφης ο γαμπρός.

Σύμμετρος και καμωμένος με τα μέτρα συνταγής,
πυρ, αήρ, συνοδοιπόρος με το ύδωρ της ζωής.

Κίνησης ροή συμπλέκει πάντα, όντα κοσμικά,
σε χορό καλοστημένο με πλατάνια και νερά.

Εύτακτος, συμμαζεμένος κύκλος σφαίρας αισθητής
φάνηκε, σαν θαύμα μέγα μίας θείας μηχανής!

Σα να ήτανε το κτίσμα γεωμέτρη του σοφού,
για τεχνίτη που δουλεύει με το όργανο του νου.

Της ζωής οργανωμένο βγήκε πλήθος των μορφών,
σαν στρατός εκπαιδευμένος πολιτείας οπλιτών.

Έρωτος δεσμός συνδέει κοινωνία των θνητών,
ως να ήταν το μετόχι των αθάνατων Θεών!

Έμψυχα του βίου όντα, καθαρώς οργανικά,
ηδονής και πόνων έχουν μέρισμα κανονικά.

Της αισθήσεως δυνάμεις, πεμπτουσία φανερή,
οφθαλμός ο φωτοβόλος, που τα πάντα θεωρεί.

Και το θαύμα των θαυμάτων θεωρία του νοός,
φως το θύραθεν ενώνει με το ένδον θείο Φως.

Κάπως έτσι τελειώνει κύκλος δημιουργικός,
φως το κοσμικό συνάπτει με τη λάμψη του Ενός!

Universe

Energy-giving Eros from within the Abyss ignites,
Bursting forth like a champion and giving birth to the light!

The Chaos becomes the Cosmos and the starry Sky decides
To embrace like an ardent groom, the Earth, his beloved bride.

Symmetrically generated, and with measure well-designed,
Fire, air, and life-giving water together intertwined.

A smooth flowing motion connects each and every cosmic being,
Dancing together in rhythm under plane trees near a spring.

An aesthetically beautiful, orderly sensible sphere
Made by some divine machine, like a miracle, will appear!

By a brilliant geometer it seems to have been designed,
Or by a clever craftsman who uses the tools of the mind.

Out of this organization emerged many forms of life,
Like a trained army of hoplites, armed and ready for strife.

Meanwhile the bonds of Eros hold together society,
As if it were an outpost of divine immortality!

These creatures gifted with souls, but created from flesh and bones,
Are able to share joyful smiles as well as their painful groans.

The best of their aesthetic powers, the quintessence of sense,
Is the light-casting eye with its vision so vast and immense.

But the marvel of all marvels is the vision of the mind,
Which connects the outside light with the internal Light divine.

The creative cycle's completion in some such way will be done,
When the Cosmic light reconnects with the brilliance of the One!

Σώμα Έμψυχον

Σώμα, πηγή της ηδονής, πόνου πικρό ποτήρι,
ψυχής κατοικητήριο και νου το κορφοβούνι.
Χαίρε, καλέ μου σύντροφε, συναθλητή του βίου,
νιος ποιητής σε χαιρετά και σε καλωσορίζει.

Γουλιά-γουλιά την ηδονή, την πίκρα στάλα-στάλα,
σαν αγαρίστρα να κερνάς, σαν κόρη να προσφέρης
σε νεαρό βοσκόπουλο, φλογάτο κι ιδρωμένο,
ανήφορο π' ανέβηκε βουνού να πάρει αγέρα.

Χαίρε! Σαν αγροτόπαιδο τ' αρχοντογεννημένο,
θα σε θωρεί μάνα σου Γη και θα σε καμαρώνει.
Παιδιά πολλά μεγάλωσε στο γύρισμα του Χρόνου,
μα γιόκα άλλον από σε καλύτερο δεν έχει.

Και χαίρεται το θώρι σου, το δυνατό κορμί σου,
τα στιβαρά τα χέρια σου, τα πεταχτά σου πόδια,
τα λαμπερά τα μάτια σου, τα φρύδια τα γραμμένα,
τα κατσαρά σου τα μαλλιά, τα τριχωτά τα στήθια.

Και μες στο στήθος η καρδιά, κόκκινη σαν το αίμα,
τι καίγεται από φωτιές πολλών παθών και πόθων,
ασίγαστων, αγιάτρευτων και περιτυλιγμένων,
σαν της υφάντρας τις κλωστές, νήματα της αράχνης,

και αργαλειός αρχοντικός μιας Κρητικιάς υφάντρας!
Σαν καρδερίνα κελαηδεί κι υφαίνει σα Νεράιδα,
το κατακόκκινο πανί, ζεστής ζωής το υφάδι,
που τύλιξε καλή ψυχή πριν κατεβεί στον Άδη.

Έργο δικό σου το νερό και το κρασί που πίνεις,
και το σταρένιο το ψωμί και το ψητό το κρέας,
σαν κόσκινο να κοσκινάς, σαν μύλος να τ' αλέθεις
για να τα κάμεις δύναμη ζωής ενεργημένης.

Living Body

Body, you're the source of pleasure as well as of bitter pain,
A habitat for the soul, you are the mind's watchtower, too.
Hail to you, my good comrade, my athletic partner in life,
Greetings from a youthful poet, who happily welcomes you.

Slowly sip, sip up the pleasure, let the pain fall drop by drop,
Like water from a mountain spring, offered by a maiden fair
To the dashing young shepherd, covered in sweat and full of flame,
Having climbed up a steep mountain road looking for some fresh air.

My greetings to you! Like a well-bred and noble country boy,
Your mother, the Earth, admires you and she feels proud and glad.
So many children she has brought up in the passing of Time,
But another son better than you she never ever had.

So she is pleased to look at your face and your sculpted torso,
At your powerful steady hands and your feet, as fleet as the best,
At your beautiful shining eyes, framed by your arching eyebrows,
At your long and curly hair and your masculine hairy chest.

And inside the chest there is a beating heart as red as blood,
Enflamed by many desires and passions which never ebb.
They're unappeased, incurable and always complicated,
Like the threads of embroidery, or a spider's complex web.

Or like the strings of the famous Cretan weaver's royal loom.
The heart sings like a little bird and weaves like a Fairy,
Producing a deep, dark-red cloth, a lattice that's warm with life,
To clothe the good soul before it goes to pay Charon's ferry.

It is your task to find the water and press the wine you drink,
To carefully knead the bread and to prepare the roasted meat,
To winnow the grain from the chaff and to grind it like a mill,
Transforming into the power of life everything you eat.

Δυναμωμένο, ζωηρό, σαν Άνοιξης αγρίμι,
καρτέρα την κυρά Ψυχή στη ράχη σου να κάτσει,
(σαν το θεό Διόνυσο, ιππέας σε γαϊδούρι),
και να τραβήξετε μαζί για του χορού τ' αλώνι.

Χορό τον γοργοπόδαρο, συρτό και πεντοζάλη,
να στήσετε μια γιορτινή και μια χρονιάρα μέρα,
σε μια πλατεία του χωριού σε πλάτανου τον ίσκιο
και μία, την πιο όμορφη, κοπέλα να διαλέξεις.

Όταν τελειώσουν οι χοροί και τα τραγούδια πάψουν,
στου Έρωτα τις ηδονές να δώσεις τις δυνάμεις.
Καταβολάδα δυνατή στη μήτρα της να βάλεις,
σπόρο από το σπέρμα σου, γονή απ' τη γενιά σου.

Κι ένα πρωί της Άνοιξης, για βράδυ Φθινοπώρου,
να πάρεις φόρα και να πας ψηλά στ' Αλαφοστάλι,
ν' ακούσεις κούκου λάλημα, πέρδικας μοιρολόι,
να χαιρετήσεις τον αετό και το γοργό ζαρκάδι.

Τον Ήλιο τον ακούραστο, της μέρας τον δραγάτη,
να δεις να βγαίνει την αυγή, να χάνεται στη δύση,
που πάει ν' αλλάξει φορεσιά, καθώς Ψυχή θ' αλλάξει
το σώμα που κουράστηκε να το φοράει, σαν πέπλο!

Κοιτάζοντας τον Παρνασσό, τον Όλυμπο θωρώντας,
τον Ουρανό τον έναστρο, του κύκλου τ' άγιο κέντρο,
(το νοητό, το αόρατο, το σταθερό, το μόνο),
Ψυχή το μέγα νόημα του Κόσμου θα νοήσει.

Και θα γνωρίσει, έξαφνα, τον ξένο εαυτό της!
Χωρίς ευθεία κάθοδο στου σώματος το σήμα,
αγνώριστα θα μένανε δικά της δύο δώρα,
της ηδονής δολώματα, πόνου πικρά ποτήρια.

Εμψυχωμένε και καλέ ναέ θνητών ανθρώπων,
ψυχής το δεσμωτήριο και νου το καταφύγιο.
Ευλογητός νυν και αεί και τρις ευλογημένος,
αθάνατων υποδοχή, που σε αθανατίζουν!

Fortified with the energy of a wild goat in Spring,
You'll wait for Lady Soul to come and sit on your back once more,
(Just as god Dionysus mounts the back of his donkey)
So that together you can take the road to the threshing floor.

There, on a festive and joyful day you may enter the dance,
The *syrto* and *pentozali*, with their fast steps and their twirls,
In the main square of the village, under a shady plane tree,
Selecting as your partner one of the most beautiful girls.

When the dances are over and music gives way to silence,
You will turn your energies to pure erotic elation.
With determination you will try to implant in her womb
A seed from your sperm to give birth to a new generation.

Then one day in the springtime or on an autumnal evening,
You will climb up Alaphostali Mountain on the frontier
To hear the song of the cuckoo and the partridges' mourning,
As you offer your greetings to the bold eagle and to the deer.

The inexhaustible Sun, guardian of day, you will watch
Emerge in the morning and in the evening set in the west,
Where he goes to change his garments, just like the immortal soul,
Exchanging the body in which, like a mantle, she is dressed.

Turning her glance toward Parnassus, looking at great Olympus,
Or the starry Heaven around which the cycle is streaming
(The noetic and invisible, but stable and unique),
The soul begins to conceive the Cosmos's greater meaning.

Then, suddenly, she may come to know her strange authentic self!
Without descending to the tomb of her bodily domain,
Unknown this divine double gift forever would have remained:
The tempting allure of pleasure and bitter cup of pain.

You're an animate and beautiful temple for mortal men,
A prison for the soul and a holy refuge for the mind.
May you be hallowed now and forever, always three times blessed,
By receiving divine gifts, immortality you will find!

Θυμός

Ο θυμός επικίνδυνο πράγμα,
σαν καπνός ηφαιστείου κακός,
την καρδιά πυρπολεί και φαντάζει
φοβερός του Διός κεραυνός!

Μέσα μάτι του νου συσκοτίζει,
ως τυφλός κακομοίρης θνητός
παραδέρνει στο στάδιο βίου,
σαν Πολύφημος αμαρτωλός!

Ο θυμός με τον φόβο δε μοιάζει,
πιο πολύ τους θνητούς συγκινεί,
σε μαχών αδυσώπητο πλέγμα,
των θεών την οργή προκαλεί.

Φόβος τρόμο πορίζει, προτρέπει
τον δειλό σε φυγή να τραπεί,
ο θυμός σε κινδύνους να πέσει,
ηδονών σαν πηγή ποθητή!

Στο προσκήνιο της Ιστορίας,
οι λαοί με θυμώδη ορμή
μπαίνουνε, συνωθούν, καταλήγουν
ανδρική να τιμούν αρετή!

Θυμωμένος λαός μέγα δέος,
δρόμους δύο μπορεί να διαβεί,
ένας νίκης στεφάνι χαρίζει,
άλλος βάραθρο, καταστροφή.

Θυμωμένος θεός αν τα βάλει
με θνητό, για μικρή αφορμή,
της Οδύσσειας πάθη θα πάθει,
ώσπου τέλος Ιθάκη να δει.

Anger

Anger is a dangerous thing
Like volcanic smoke let loose,
It burns the heart, threatening fear
Like the thunderbolt of Zeus!

It obscures the eye of the mind,
Makes mortals incoherent
As they blindly flounder through life,
Like Polyphemus errant!

Anger is different from the fear,
Which mortals so often prods
Into relentless battle lines,
Provoking the wrath of gods.

Whereas fear urges the coward
To abandon his treasure,
Anger makes him fall into a
Pool of seductive pleasure!

In the forefront of history
Angry men strapped on armor,
Worked together and achieved
Manly virtue and honor!

People with awesome anger can
Chose between two different roads,
One leads toward a victory wreath,
The other in chaos explodes.

If an angry god gave some man
The passions that rule the seas,
He'd press on like Odysseus
Until Ithaca he sees.

Με το πέρασμα χρόνου μελώνουν,
και με λόγου μεθούν το κρασί,
της σοφίας δυσεύρετο κτήμα
με του νου κυνηγούν το πουλί!

Τον θυμό και τα πάθη τα τόσα,
την ψυχή που παιδεύουν πολύ,
με του νου χαλινό συγκρατεί,
και προς τέλος καλό προχωρεί.

Ο θυμός, την οργή που γεννάει,
έχει δύναμης θείο κλειδί,
ηδονής το πιοτό το κερνάει,
όταν λάβει δικαία ποινή.

Ηδονή πανταχού κυνηγάει,
μα λαβαίνει του πόνου πληγή,
αν εχθρού θα προλάβει το δόρυ
να στομώσει δική του ορμή.

Ηρεμία παθών, συν τοις άλλοις,
γήρας φέρνει σε πλήθος θνητό,
και γυμνάζει προς αταραξία,
ύπνο λήθης, θανάτου φρουρό!

As time moves into the future,
And wine starts to slur his words,
Wisdom becomes as scarce as land,
And good minds start chasing birds!

With so much passion and anger
The soul will be in distress,
But if reason can hold the reins,
Toward its goal it may progress.

The rage that anger generates,
To great power holds the key,
It may take the drink of pleasure
As its deserved penalty
.

It chases pleasure everywhere,
But suffers a painful wound,
If by the enemy's weapon
Its momentum is consumed.

Peace from their passions, most mortals
Draw in with their aging breath,
Training them for tranquility,
Deep sleep, the watchdog of death!

Ηδονή

Στο πέλαγος της ηδονής
ζητάς την ευτυχία,
σαν κυνηγός γοργό λαγό,
με την ιχνηλασία!

Καθώς ζαγάρια τα σκυλιά
με τις ογρές τις μύτες,
της νύχτας τα καμώματα
μαντεύουν σαν προφήτες,

Αισθήσεις όμοια σώματος,
τις καλοδουλεμένες,
της ηδονής νιος εραστής
έχει δασκαλεμένες.

Οράματα της ομορφιάς,
ακούσματα της μούσας,
οσφραντικά τ' αρώματα,
γεύσεις γλυκές ή σούπας,

Αφής τα ψηλαφίσματα
κι ερωτικά τα χάδια,
πάντα περιεργάζεσαι,
της ηδονής κλωνάρια!

Εδέσματα παντοδαπά,
φήμης επευφημίες,
έρευνας επιτεύγματα,
τις υστεροφημίες,

Τα κυνηγάς ερωτικά,
τους κόπους αψηφώντας,
σαν μέλισσα της άνοιξης
τα λούλουδα ζητώντας.

Pleasure

In the open sea of pleasure,
Happiness you are seeking,
Like a hunter on the trail
Of a fast hare you are streaking!

Like a pair of eager dogs,
With curious noses and ears,
Carrying on through the night,
Groping like blinded seers.

Through the body's varied senses
Well-crafted to flee from pain,
The novice lover of pleasure
Will likewise become well-trained.

Visions of lasting beauty,
The whisperings of the muse,
Intoxicating aromas,
The flavor of homemade soup,

Delightful tactile sensations,
A warm erotic caress,
There's always another way
For pleasure to be expressed!

Exotic dishes to savor,
Accolades, honors, and fame,
Great achievements in research,
A good reputation to gain,

Unending erotic pursuits,
In defiance of your labor,
Like a busy bee in the spring
Seeking flowers to savor.

Επιθυμείς την ηδονή,
καρδιά που σαγηνεύει,
σε κάθε κήπου τη γωνιά,
πόνος παραμονεύει!

Εκεί που δεν το καρτερείς,
που δεν το περιμένεις,
της ηδονής τα σύνεργα
φευγάτα, μόνος μένεις.

Παραπατάς στο δρόμο σου
και το ποδάρι σπάζεις,
αράχνης, σφήκας τσίμπημα
παίρνεις κι αναστενάζεις.

Καλοφτιαγμένο φαγητό
διάρροια σου φέρνει,
μικρόβιο, το ποταπό,
την όρεξη σου παίρνει.

Σου κόλλησε στο φάρυγγα,
μετά το πρώτο κρύο,
βήχα σου κάνει, πυρετό,
ζητάς γιατρού φορείο.

Της ηδονής ο κυνηγός,
πώς βρέθηκε πιασμένος,
στα δίχτυα πόνου δυνατού,
λαγός σαν φοβισμένος!

Παρηγοριά στον πόνο σου
φιλοσοφίας λόγος,
της εμπειρίας γέννημα,
της κοινωνίας νόμος.

Κατάκτηση της ηδονής,
για πόνου απουσία,
την ευτυχία συνιστούν
και την ευδαιμονία;

You want the kind of pleasure
That will captivate your heart,
But pain, in some garden corner,
Is waiting to tear it apart!

There, where you don't expect it,
When you cannot be on your own,
The tools of lasting pleasure
Fly away and leave you alone.

Miss just one step on your way
And end up with a broken thigh,
The bite of a spider or wasp
Can make you worry and sigh.

Even good homemade cuisine
Can bring diarrhea and strife,
Some dastardly unseen microbe
Steals your appetite for life.

The virus sticks in your throat,
After the first chilly days,
Coughing and hot with fever,
The doctor you seek in a haze.

And so the hunter of pleasure
Discovers himself ensnared
In the powerful nets of pain,
Just like some terrified hare!

You find comfort in your pain
Through philosophical prose,
The child of life's experience,
The law that everyone knows.

Is it the conquest of pleasure,
Or rather the absence of pain,
That constitutes true happiness,
A life that is thriving and sane?

Το πρώτο για νεότερο,
το δεύτερο για γέρο,
ταιριάζει, καθώς φαίνεται,
τούτο μονάχα ξέρω.

Ο πόνος με την ηδονή,
δίδυμα τ' αδερφάκια,
καθώς Έρως και Θάνατος,
τα δύο φιλαράκια.

Στο τέλος όλα γίνονται
περαστικά, περνάνε,
από πηγή που βγήκανε,
πάλι σ' αυτή γυρνάνε!

The first is for the young man,
The second to old men is owed,
At least this is how it appears,
Only this I pretend to know.

Pain stands alongside pleasure,
Like a pair of fraternal twins,
As enduring as Love and Death,
Eternally dueling close friends.

And everything in the end
Is passing, as we must discern,
To the source from which it sprang
Again it will always return!

Κάλλος

Φύσεως μέγας και καλός
τεχνίτης ο Δημιουργός!

Άνθρωπος μόνος δυνατός
να γίνει τέχνης υπουργός.

Αμφίβιος, διστακτικός,
ωσάν μεταίχμιο, σωστός!

Μαζί δυο κόσμους συγκρατεί,
με αλυσίδα τη χρυσή.

Μέγας ο Κόσμος αισθητός,
μα κάλλιστος ο νοητός!

Υπόδειγμα θαυμαστικό,
για συμμετρίας το χορό.

Εκείνα πάντα θεωρεί,
με νου το μάτι το βαθύ.

Κάλλους αστείρευτη πηγή
μοιάζει ψυχή ποιητική!

Σχήματα, χρώματα και φως
χαίρεται θείος οφθαλμός.

Ακούσματα της μουσικής,
χαρά ηχούσας ακοής.

Ρυθμός και μέλος με ωδή
χορό θα στήσουνε μαζί!

Ποικίλες άλλες ευωδίες,
της όσφρησης επιστασίες.

Beauty

Great and good is our Creator,
The worthy craftsman of nature!

But we must also play our part,
As ministers of His great art.

Amphibious and on the verge,
First hesitant and then assured!

We bind together two domains
With a kind of golden chain.

The great World is the sensible,
The greater comprehensible!

The second by the first enhanced,
They team up in a cosmic dance,

Which we can witness if we try
To look with our mind's inner eye.

Beauty's inexhaustible spring,
Like the soul of a poet, will sing!

The many colors, forms, and light
Regale our godlike sense of sight.

Delightful is the world's perfume
The smell of daffodils in bloom.

And music's soft and pleasing sounds
Delight the hearers they surround.

Old rhythm with sweet melody
Together dance harmoniously!

Γεύσεις καλές και νοστιμιές
για γλώσσες τις ηδύπαθες!

Λεία και τρυφερά πολύ,
αφή θέλει να ψηλαφεί.

Πρώτη και έσχατη αυτή
εις των αισθήσεων κλουβί.

Σώματος κάλλος αισθητό,
ερωτογόνο, ποθητό!

Εράστρια ψυχή κεντά,
να πάρει φόρα, να πετά.

Στου Έρωτα το περιβόλι,
φύονται ρόδα και τριβόλοι.

Ζητεί του κάλλους την πηγή,
και καταδώ και κατακεί!

Σαν πεταλούδα βιαστική,
σε κήπου τη φαρδιά αυλή.

Κάλλος ψυχής η αρετή,
σ' ανδρός σοφού θεία ψυχή.

Μέσα της ψάχνοντας θα βρει
του θείου κάλλους την πηγή.

Με νου το βλέμμα καθαρό,
φωσφόρο, διορατικό!

Τον εαυτό της θα γνωρίσει,
θαυμάσια θα τον ποθήσει.

Στου νου την θεία αγκαλιά,
θα τον χορτάσει με φιλιά!

Many and delicious flavors
Waiting for our tongue to savor!

And tender skin's constant request
Is lovingly to be caressed.

She is the first and last defense
Of this aesthetic cage of sense.

The body's beauty sensual
Stirs Eros irrepressible!

The soul embroidered through with love,
With time, will learn to fly above,

Although, in Eros' fields below,
Roses with sharp thistles grow.

The source of beauty she will seek,
Both in the dell and on the peak!

Like a butterfly that's ardent,
She flits about in the garden.

But virtue's beauty remains hidden
Inside of the good soul's wisdom.

To search for it, we must begin
By finding beauty deep within,

Through the vision of our mind,
With light and insight intertwined!

Those who gain self-understanding
Find their better part commanding.

Within good Nous's broad embrace,
They'll be received with love and grace!

Θεοειδής όταν θα γίνει,
νέκταρ το θεϊκό θα πίνει.

Με την χορεία των θεών,
θα βρει ανάπαυση παθών!

Becoming godlike in our mind,
We will imbibe nectar divine.

And with the gods, in this fashion,
At last find rest for our passion!

Καλοκαγαθία

Έλλην ο δόκιμος μεγάλος πλάστης,
δημιουργός μορφών παντοειδών,
κομμάτια πέτρας με την τέχνη κάνει
να φαίνονται καλά, σαν Παρθενών!

Παίρνει τις λέξεις γλώσσας και τις πλέκει,
ποιητικά με τέχνη μετρική,
και συντελείται μετρημένο κάλλος,
Πινδαρικού αθλήματος ωδή.

Παίρνει φωνής τους ήχους και τους δένει
σε μελωδία θεία, μουσική,
ρητορικής της τέχνης έργο τέλειο,
σαν Επιτάφιος του Περικλή!

Μερίσματα του λόγου συλλαμβάνει,
Σωκρατικό διάλογο καλό
τα πλέκει, με Πλατωνική την τέχνη,
γι' Αριστοτελικό συλλογισμό.

Ανθρώπινης της μοίρας παθημάτων
το πλήθος δένει με πλοκή γερή,
έλεος συγκινεί μαζί και φόβο,
με την κατάληξη την τραγική!

Του σώματος αδύναμα τα μέλη
λαμβάνει και με πάθος προσπαθεί
γυμνάζοντας, παιδεύοντας να πλάσει
αρμονικού συνόλου την υφή.

Τα γρήγορα τα πόδια του δρομέα,
τα δυνατά τα χέρια παλαιστή,
όλα κανονικά και μετρημένα
για νίκης ποθητής αγνό κλαδί!

Kalokagathia

The good Greek apprentice of the great sculptor,
Creator of shapes, complex and simple,
Takes pieces of stone and with his great art
Makes them as beautiful as a temple!

He takes chosen words and weaves them together
With skill that is both poetic and metric,
And measured beauty materializes,
A Pindaric ode, strong and athletic.

The sweet sounds of voices he will harness
And make into music, divine melody,
Or accomplished works of rhetorical art,
Like the funeral oration of Pericles!

By putting together diverse ideas
With a Socratic dialogue's rhythm,
He will make a kind of Platonic art
Or Aristotle's syllogism.

The dark fate and great passions of mankind,
The dramatist intertwines skillfully,
Tying up pity together with fear
In the conclusion of each tragedy!

And in the body's feeble limp limbs,
His passion will inspire communion,
As he trains hard in the gym to achieve
A harmonious mind-body union.

The swift striding legs of the runner,
The wrestler's strong shoulders and hands,
Will remain always focused and measured,
On the goal of the victor's olive branch!

Παράλληλα με σώματος ασκήσεις,
αν νους του νέου θέλει παιδευτεί,
στης αρετής εφάμιλλη παλαίστρα,
πιο δυνατή θα κάμει την ψυχή.

Θαύμα θαυμάτων συντελείται τότε,
θνητός καλός φαντάζει σαν θεός,
με καλοκαγαθίας φωτισμένος
θεόσταλτο, γλυκύτατο, το φως!

Ποιας τέχνης δύναμη θα παραστήσει,
ποιας μούσας μέλος, ποία μουσική,
κάλλος το δίδυμο θα τραγουδήσει,
σώμα καλό δεμένο με ψυχή;

Ο Πραξιτέλης, Πίνδαρος, θα πρέπει
να μην πεθάνει καν, ν' αναστηθεί,
τη συμμετρία κάλλους να μετρήσει,
κι αθάνατη να πλάσει την μορφή.

Από θνητών ανώτερη τη μοίρα,
κατώτερη κι από θεών αυγή,
των ημιθέων θέση θα τηρήσει,
με δόξας στέμμα θα στεφανωθεί!

And in step with this bodily training,
If the mind of the youth would be trained too,
His soul will emerge from its wrestling
Much stronger by reason of true virtue.

The marvel of marvels will take place then,
A mortal whose virtue shines so bright,
He rivals the gods' beautiful goodness,
And glows with their sweet sacred light!

Whose art can represent such power,
Which muse can arouse music to sing,
To mirror the strong and double beauty
That soundness of body and mind will bring?

Praxiteles and Pindar must come back,
From death let them be resurrected,
To measure the athlete's symmetry well,
To make immortal beauty respected.

A form superior to mortal fate,
From the gods it lies farther down,
Its place is reserved for demigods,
The wreath of glory to wear as a crown!

Νους

Νους της ζωής το ποίημα,
σκοπός και τέλος μόνος,
και τα πολλά ρωτήματα
δικός του θείος νόμος!

Γιατί υπάρχουν άνθρωποι,
ζώα, φυτά, στοιχεία,
πού πάνε, πόθεν έρχονται,
πώς γράφουν ιστορία;

Από το χάος πρόβαλε
το κοσμικό το κάλλος,
γι' από σοφίας μέριμνα
κι έφεξε μέγας φάρος;

Ήλιου το φως, τα χρώματα,
τα σχήματα των όντων,
σαν άγγελοι μηνύματα
μας φέρνουν των θανόντων;

Της ομορφιάς ο έρωτας,
αγνής αγάπης δώρα,
και της φωνής μελίσματα,
που γέμισαν τη χώρα;

Πουλιού γλυκό κελάηδημα
για ποιον και τι του λέει,
είναι χαράς το σήμαντρο,
για μιας ψυχής που κλαίει;

Τα δάκρυα του δράματος,
χαράς τα λίγα γέλια,
των εραστών φιλήματα,
των σάτυρων βαρέλια;

Mind

Mind is the creation of life,
It's only purpose and goal,
And with questions it is rife,
Ruled by its own divine soul!

Why do human beings exist,
Nature's whole inventory?
Where are they going, and from whence?
How will they write their story?

Out of chaos did it emerge,
The cosmos's beauty great,
Or did a mind's creative urge
Such a great light generate?

The colors, the light of the sun,
The shape of every being,
Are they couriers that come
From the dead, some message to bring?

Why do we seek the beautiful,
The poetic gifts of love,
In voices sweet and truthful,
As pure as the air up above?

The songbird's honey-sweet chirping,
To whom and what does it say?
Is it just joyful flirting,
Or a soul crying in dismay?

Why so much drama and tears,
And so few of Cupid's arrows,
Lovers to kiss away fears,
And satyrs rolling out barrels?

Πολλά του νου ρωτήματα,
δύσκολες απαντήσεις,
κόβεται νήμα της ζωής,
προτού καλά ν' αρχίσεις!

With questions the mind is rife,
A sea of wonder uncharted.
But the fragile thread of life
Is cut before you get started!

Επίλογος
Epilogue

Ύμνος Αθηνάς

Χαίρε, τρισεύγενη Θεά, του Δία θυγατέρα!
Χαίρε, σοφίας η Κυρά, ανδρείας η Μητέρα!
Ξύπνα, καλή Παρθένα μας, άλλο πια μην κοιμάσαι,
Ευλόγησε τα έργα μας κι Ευλογημένη να 'σαι!

Άπλωσε τα χεράκια σου κι αγνάντεψε τη χώρα,
Ομηρικά ποιήματα, σοφίας θεία δώρα,
κείτονται τώρα καταγής, σαν παραπεταμένα,
από ανθρώπους πονηρούς είναι λησμονημένα.

Άνοιξε τα ματάκια σου, να δεις, να το κατέχεις,
ερειπωμένος ο Ναός! Κυρά, πώς το αντέχεις;
Ερείπια και λείψανα Έρως δεν τα χαϊδεύει,
μαύρου Θανάτου η θωριά τη χώρα διαφεντεύει.

Παράκληση τα χείλια μας, Θεά, θα κάνουν πάλι,
κι όλοι μαζί θα ψάλλουμε θείας Σοφίας κάλλη.
Χαίρε, Παρθένα τολμηρή, το θεϊκό βλαστάρι,
άπλωσε το χεράκι Σου τον πόνο μας να πάρει!

Ελεύθερος, σαν το πουλί, ο Νους πια να πετάξει
από κορφή σε κορυφή, νέα να βάλει τάξη.
Φως εκ φωτός αληθινού, πηγή σοφίας νέας,
ισόκαλης κι εφάμιλλης της άλλης Αθηναίας.

Αταίριαστος ο κόσμος μας με τη Φιλοσοφία,
Ανέτοιμος, αγύμναστος, σκοτάδι, φλυαρία!
Ως πρόδρομος η Ποίηση θα της προετοιμάσει
το δρόμο, που θα πορευτεί κόσμο να διαπλάσει.

Το τέρας του Φανατισμού θνητούς τους τυραννάει,
με θράσος τους τρομοκρατεί και μύθους τους πουλάει
για το Θεό, την Κόλαση, της Κρίσεως τη μέρα,
για εκλεκτούς και άπιστους, πίστης τυφλής φοβέρα!

Hymn to Athena

Greetings, gracious Goddess, Zeus's noble Daughter!
Hail, Lady of wisdom, bravery's own Mother!
Wake up now, good Virgin, you've had enough of sleep,
If you bless our works now, then blessings you will reap!

Reach out with your hands and re-sanctify the Land,
Homer's poems and your other gifts of wisdom grand
Are cast aside like refuse, left to be forgotten
By a race of wretches, poor and misbegotten.

Open up your eyes now, so you can see clearly,
Your Temple's on its knees! How do you bear it, Lady?
These relics and ruins Eros cannot caress,
Death's dark shadow casts them in murky mourning dress!

Goddess, we entreat you, again, with hands entwined,
We sing a song of praise to your wisdom divine.
Hail to you, brave Virgin, child of Zeus's brain,
Extend your mighty hand to help lift up our pain!

Free, like a bird of prey, again may your Mind fly
Among lofty peaks bringing order from on high.
May light from truth's real source, wisdom's new born spring,
Flow forth with the power only you, Goddess, can bring.

With dear Philosophy, our world is out of sync,
Unprepared and unskilled, we teeter on the brink!
Poetry will blaze the trail, clear it with a knife,
So your wisdom may return, bringing us new life!

The monster of fanaticism threatens our minds,
Selling myths brazenly that terrorize mankind,
Of God and the judgment day and the heat of Hell,
Of the chosen, infidels, and all such tall-tales!

Απόλλων, με την Αθηνά μαζί, να ζωντανέψει!
Νέους σοφούς, ατάραχους, Ελλάς ξανά να θρέψει.
Αθλητικά τα νιάτα της να κατεβούν στο στίβο,
δόξα για την πατρίδα τους, τιμή και για το Φοίβο!

Φιλοσοφίας εραστές, κάμε τους να καθίσουν
στα πετρωτά πεζούλια σου, Φύση να μελετήσουν.
Ωσάν φρουρός εσύ, Κυρά, τα στήθη σου προτάσεις,
τις Θερμοπύλες της Φυλής αρρενωπά φυλάσσεις!

Κι όταν ο Δίας όρισε για να παρθεί η Πόλη,
η προσταγή του θέρισε το στήθος Σου σα βόλι.
Την Άσσο σκότος τύλιξε και την καλή την Τροία,
το δόρυ σου παράτησες, στο θρόνο Αναρχία!

Σε μια Ολύμπου ρεματιά, σε Παρνασσού το σπήλιο,
έκρυψες τη Σοφία σου, που χαίρεται τον ήλιο.
Έχει καιρός γυρίσματα για γέλιο και για κλάμα,
αναποδογυρίσματα, λύπες, χαρές, αντάμα!

Χρόνια πολλά περάσανε και οι καιροί αλλάζουν,
τα μάτια που Σε βλέπουνε τώρα αναστενάζουν.
Ύμνο καλό θα ψάλλουμε, πάλι για Σε, Θεά μας,
παρθενική, πολεμική, γενναία Αθηνά μας!

Έλα και βάλε τη στολή, καθώς οι πολεμάρχοι,
που τ' άρματά τους ζώνονται να κατεβούν στη μάχη.
Το δόρυ κάτω άφησε, πιάσε το καλαμάρι,
πάρε μολύβι και χαρτί και γράψε μας με χάρη.

Τα γράμματα τα φρόνημα, τον κόσμο να φωτίσεις,
Ελληνική την Αρετή, μήπως την αναστήσεις!
Σοφίας φως για να χυθεί και μες από το μνήμα,
ωσάν τον ήλιο το λαμπρό τον Θεριστή το μήνα.

Ερωτικά, σαν άνθρωποι, να ζουν και στα θρανία
ειρηνικά να μελετούν θεία Φιλοσοφία!
Ουράνιο φωτάναμμα, της Γης το περιβόλι,
επιμελώς να θεωρούν, να τα θαυμάζουν όλοι.

Apollo and Athena, may you rise again!
Once more may our dear Hellas give birth to wise men!
If its once athletic youth step onto the track,
Fame to Greece and Phoebus they will at last bring back!

Let true wisdom-lovers come back to live at home
And study sacred Nature, here where eagles roam.
Please protect them, Goddess, as your shield protects your breast,
Bravely, like Thermopylae, as the Persians pressed!

And when Zeus allowed your City to fall apart,
His decree pierced your armor, like a poison dart!
Deep darkness soon engulfed both Assos and good Troy,
You dropped your spear and Anarchy ruled without joy!

In Olympian ravines or Parnassus' cave,
The light of your good wisdom was hidden far away.
But time has many turns, for laughter and for tears,
It mixes in a melting pot both joys and fears!

The seasons are changing, the years are passing by,
Those eyes that admire you now can only sigh.
They sing for you, Athena, an anthem once again,
Virgin warrior, Goddess, Protectress of Athens!

Come now, don your armor, just like a general,
Who takes up his weapons to enter in the battle.
Leave aside your spear, for blood you may trade ink,
And with pen and paper, inspire us to think.

Enlighten us with words of wisdom and respect,
True Hellenic virtue, attempt to resurrect!
Let the light of wisdom pour out of the tomb
And shine on all the Earth, like sunlight in June.

May mortals live, like men, erotically again,
In philosophic study, peacefully, as then!
May they contemplate the Earth that lies below us,
And the Sky above so beautiful and wondrous!

Ευλογημένο της Ζωής το μέγα το ζωνάρι,
Έρωτας με το Θάνατο τ' αχώριστο ζευγάρι!
Γυρίζει κύκλος η Ζωή, παντού κύκλος ορίζει,
Έρωτας νιος φιλονικεί, Θάνατο φοβερίζει.

Έρωτας με το Θάνατο, σα Διγενής με Χάρο,
παλεύουνε για τη Ζωή: "Ποιόν απ' τους δυο να πάρω;"
Τον Έρωτα προτίμησε, θα γίνουν ζευγαράκι
και θα χορεύουνε μαζί τσάμικο και συρτάκι!

Και φιλοσόφου νέος Νους θα λάμψει στους αιώνες,
σαν αθλητής ο νικητής σε γυμνικούς αγώνες.
Όπου γυμνάζουν τα κορμιά, τα φρένα, τους μυώνες
και λάμπουν σαν αγάλματα και νέοι Παρθενώνες!

Ελλάδας νέας δόξες νιες από Θεούς κι ανθρώπους,
αντίδωρα σε αθλητές για τους καλούς τους κόπους.
Νέα τιμή στης Αθηνάς την καθαρή Σοφία,
αθλήτριας δυναμικής στήθος με πανοπλία!

Blessed be Life's circle, surrounding everything,
Death with his darkness joined to Eros with his wing!
Life moves on in seasons, the cycle rules supreme,
Youthful Eros wrestles aged Death in the ring!

Like Akritas and Charon, Eros and Thanatos
Vie for Life's attention, "Whom does she love the most?"
She has chosen Eros, a permanent romance,
With him *tsamiko* and *syrtaki* she will dance!

And the light of wisdom will sparkle like flames,
Or a champion in the Olympic Games.
And as they train their bodies, so their souls they'll hone
To gleam like the statues of a new Parthenon!

New Hellenic glories, from gods as well as men,
Like athletic victories, will be achieved again.
Athena's wisdom, too, will shine once more as best,
A panoply of strength to protect her virgin breast!

Ποιητική Σειρά: Ελληνίδες Μούσες

Η ποιητική σειρά, **Ελληνίδες Μούσες**, προβλέπεται δεκάτομη και δίγλωσση, σε Ελληνική και Αγγλική γλώσσα, και περιλαμβάνει την έως τώρα ποιητική παραγωγή του καθηγητή και ποιητή, Χρήστου Κ. Ευαγγελίου, που είναι γέννημα της Ελλάδος και θρέμμα της Ελληνικής Διασποράς. Την όλη σειρά, θεματικά μερισμένη και ισότιμα κατανεμημένη, διαπερνά και συνενώνει ένας πηγαίος έρωτας για την Ελληνική γλώσσα και χώρα, σεβασμός για το κάλλος και τον Έρωτα, καθαρός φιλοσοφικός στοχασμός, και πνεύμα σατιρικό ενίοτε.

Μούσα Μυθολογούσα	Mythological Muse
Μούσα Φιλοσοφούσα	Philosophical Muse
Μούσα Παρνάσσια	Parnassian Muse
Μούσα Θεολογούσα	Theological Muse
Μούσα Γλυκοφιλούσα	Memorial Muse
Μούσα Νοσταλγούσα	Nostalgic Muse
Μούσα Φιλολογούσα	Philological Muse
Μούσα Πολιτικολογούσα	Political Muse
Μούσα Ερώσα	Erotic Muse
Μούσα Αρετούσα	Aretic Muse

Poetic Series: Hellenic Muses

Hellenic Muses is envisioned as a ten-volume bilingual series of poetry published in Greek and English on facing pages. It contains the lyrical work of professor and poet Christos C. Evangeliou, who was born and raised in Greece, but has lived for many years in the Greek Diaspora of America. The entire series, which is thematically and judiciously divided, is permeated and connected by strong love for the Hellenic language and landscape, respect for beauty and Eros, clear philosophic thinking and, occasionally, a satirical spirit.

29086397R00146

Made in the USA
San Bernardino, CA
14 January 2016